CANLLAW I FYFYRWYR

ARGRAFFIAD NEWYDD

Daearyddiaeth UG Uned G2 CBAC
Amgylcheddau Dynol Newidiol

David Burtenshaw a Sue Warn

PRIFYSGOL
ABERYSTWYTH

Canllaw i Fyfyrwyr Daearyddiaeth UG Uned G2 CBAC Amgylcheddau Dynol Newidiol

Addasiad yw'r argraffiad Cymraeg hwn o *Student Unit Guide WJEC AS Geography Unit G2 Changing Human Environments* a gyhoeddwyd gan Philip Allan Updates, gwasgnod o Hodder Education, cwmni Hachette UK, Market Place, Deddington, Swydd Rydychen OX15 0SE

Cyhoeddwyd gan CAA, Prifysgol Aberystwyth, Plas Gogerddan, Aberystwyth, Ceredigion SY23 3EB
(www.aber.ac.uk/caa)
Noddwyd gan Lywodraeth Cymru
Cyhoeddwyd dan nawdd Cynllun Adnoddau Addysgu a Dysgu CBAC
© David Burtenshaw a Sue Warn 2012 (Yr argraffiad Saesneg)
© CBAC 2013 (Yr argraffiad Cymraeg hwn ar gyfer CBAC)

ISBN 978-1-84521-514-9

Addasiad Cymraeg: Testun Cyf
Teiposod: Ceri Jones, stiwdio@ceri-talybont.com
Argraffu: Argraffwyr Cambria

Llun y clawr: Aania/Fotolia

Mae'r deunydd hwn wedi'i gymeradwyo gan CBAC ac mae'n cynnig cymorth o ansawdd uchel ar gyfer cyflwyno cymwysterau CBAC. Er bod y deunydd hwn wedi bod trwy broses sicrhau ansawdd CBAC, mae'r holl gyfrifoldeb am y cynnws yn perthyn i'r cyhoeddwr. Defnyddir cwestiynau arholiad CBAC gyda chaniatâd CBAC.

Cynnwys

Arweiniad i'r Cynnwys

Cwestiynau ac Atebion

Manteisio'n llawn ar y llyfr hwn

Cwestiynau ac Atebion

Enghrefftiau o gwestiynau arholiad

Sylwadau'r arholwr ar y cwestiynau

Cyngor ar yr hyn sy'n rhaid i chi ei wneud i gael marciau llawn, wedi'i nodi gan yr eicon **(a)**.

Enghreifftiau o atebion myfyrwyr

Dylech ymarfer ateb y cwestiynau, wedyn edrychwch ar atebion y myfyrwyr sy'n dilyn pob set o gwestiynau.

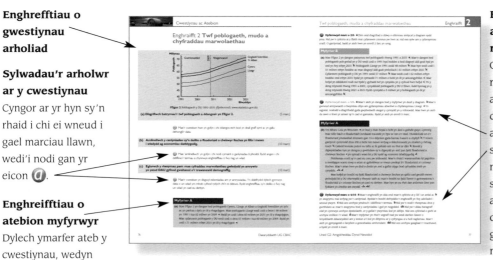

Esboniad yr arholwr o atebion enghreifftiol y myfyrwyr

Gwiriwch faint o farciau a roddir am bob ateb yn yr arholiad ac wedyn darllenwch sylwadau'r arholwr (ar ôl yr eicon **(a)**) sy'n dilyn ateb pob myfyriwr. Mae'r anodiadau sy'n cyfeirio at bwyntiau yn atebion y myfyrwyr yn dangos yn union sut a ble gallwch ennill neu golli marciau.

Gwybodaeth am y llyfr hwn

Pwrpas y canllaw hwn yw eich helpu i ddeall beth mae'n rhaid i chi ei wneud i lwyddo yn Uned G2: Amgylcheddau Dynol Newidiol. Mae'r fanyleb ar gael ar wefan CBAC: **www.cbac.co.uk**.

Mae'r canllaw hwn wedi'i rannu'n ddwy adran. Mae'r adran **Arweiniad i'r Cynnwys** yn cyflwyno'r ddwy thema mae'n rhaid i chi eu hastudio. Mae'n cynnwys sawl diagram a map defnyddiol y gallwch eu defnyddio yn yr arholiad o bosibl. Asesiad yw Uned G2 sy'n gofyn i chi ysgrifennu traethodau byr mewn rhyddiaith ddi-dor. Er mwyn eich helpu i ddatblygu eich sgiliau ysgrifennu daearyddol, mae'r adran **Cwestiynau ac Atebion** yn rhoi arweiniad ar sut i gwblhau prawf yr uned ac yn cynnwys enghreifftiau o'r mathau o gwestiynau a fydd yn ymddangos yn yr arholiad.

Mae llawer o acronymau yn ymddangos yn y canllaw hwn. Acronymau Saesneg sy'n cael eu defnyddio yma fel rheol, gan nad oes acronymau Cymraeg cyfatebol ar gyfer pob un. Dyma'r drefn gyffredinol:

- Y tro cyntaf mae acronym Saesneg yn ymddangos, rhoddir (i) y teitl llawn yn Gymraeg, a (ii) yr acronym a'r teitl llawn yn Saesneg mewn cromfachau, e.e. Mynegai Anghydraddoldeb Ar Sail Rhyw *(GII: Gender Inequality Index).* Ar ôl hynny, defnyddir *GII* yn unig.
- Pan mae acronym Cymraeg yn gwbl gyfarwydd, defnyddir yr acronym hwnnw, gyda'r teitl Cymraeg yn llawn mewn cromfachau y tro cyntaf mae'n ymddangos, e.e. CMC (Cynnyrch Mewnwladol Crynswth).
- Mae diffyg cysondeb o ran iaith ambell acronym mewn rhai cyhoeddiadau a phapurau arholiad, ac mae'n bosibl y byddwch chi wedi gweld fersiynau Cymraeg o rai o'r acronymau Saesneg a ddefnyddir yn y canllaw hwn. Rydym wedi ceisio tynnu sylw at acronymau a allai fod yn y categori hwn drwy gyfeirio at yr acronym Cymraeg yn ymyl y dudalen dan y teitl 'Cyngor yr Arholwr', e.e. GND sef 'gwlad newydd ei diwydianeiddio', ar dudalen lle mae *NIC* yn ymddangos am y tro cyntaf.

Arweiniad i'r Cynnwys

Thema 1:
Ymchwilio i newid poblogaeth

Newid yw'r gair allweddol yn y cyswllt hwn, felly bydd y cysyniadau, y syniadau, y materion a'r problemau i gyd yn cyfeirio at newid ac addasu i newid. Mae poblogaeth yn elfen ddynamig sy'n newid drwy'r amser wrth i bobl gael eu geni, marw a mudo: mae'n ymwneud â llif pobl dros amser.

1.1 Beth yw newid demograffig?

Twf y boblogaeth a phoblogaeth newidiol yw dwy o'r sialensiau pwysicaf, yn enwedig gan eu bod yn digwydd mewn gwledydd lle nad oes digon o adnoddau. Ers 2011, mae poblogaeth y byd bellach dros saith biliwn. Mae **damcaniaeth systemau** yn fframwaith ar gyfer astudio poblogaeth gan ei bod yn ein galluogi i weld unrhyw boblogaeth fel elfen ddynamig. Mae **demograffeg** yn ymwneud ag astudio ystadegau'r boblogaeth. Mae'r adran hon yn ystyried sut gallwch ddangos eich dealltwriaeth o'r egwyddorion sylfaenol. Gallwn fesur newid yn y boblogaeth ar sawl graddfa wahanol. Gwnaeth poblogaeth y byd ddyblu rhwng 1960 a 2000. Fodd bynnag, mae cyfradd y cynnydd yn amrywio. Bydd rhaid aros 433 o flynyddoedd cyn i boblogaeth y DU ddyblu, ond bydd hyn yn digwydd ymhen 27 mlynedd yn Affrica. Ers 1950, Affrica ac Asia sydd wedi bod yn gyfrifol am 81% o'r twf ym mhoblogaeth y byd, o gymharu â dim ond 4.4% yn Ewrop. O ganlyniad, mae dosbarthiad poblogaeth y byd yn newid. Cofiwch fod rhagolygon yn bethau amhendant iawn ac yn seiliedig yn bennaf ar ragamcanu tueddiadau sydd eisoes yn bodoli.

Erbyn hyn, mae poblogaeth 24 o wledydd y byd dros 50 miliwn (9 oedd y cyfanswm yn 1950). Yn 2010, roedd poblogaeth China yn 1338.1 miliwn a phoblogaeth India yn 1188.8 miliwn. Y gwledydd â'r cynnydd mwyaf yn 2000 oedd y gwledydd Islamaidd. Erbyn 2050, mae disgwyl i boblogaeth Yemen godi 121%, poblogaeth Saudi Arabia godi 70% a phoblogaeth Pakistan godi 81%.

Roedd amcangyfrif poblogaeth y DU yn 62 miliwn ar 1 Ionawr 2011. Y patrymau allweddol y dylech fod yn ymwybodol ohonynt yw **dwysedd** a **newid** (naturiol a mudo). Yn y DU, mae'r boblogaeth yn tyfu 0.6% y flwyddyn o gymharu â 0.3% yn y 1990au. Mae merched yn cael mwy o fabanod, ac mae nifer y merched o oed geni plant hefyd wedi codi 20% o ganlyniad i fudo. Mae mudo wedi cyfrannu llai at dwf absoliwt y niferoedd oherwydd bod llawer o fudwyr yn dychwelyd adref ac oherwydd bod dinasyddion y DU hefyd yn gadael y wlad.

Gwirio gwybodaeth 1

Pam mae newid poblogaeth yn sialens?

Poblogaeth a data demograffig

Mae data poblogaeth yn cael eu casglu fel arfer yn ystod y cyfrifiad cenedlaethol bob deng mlynedd. Mae'r rhain yn cofnodi'r niferoedd absoliwt ar y pryd, gan nodi lleoliad pobl neu leoliad arferol pobl. Mae rhywfaint o'r data yn cael eu samplu; 10% o gartrefi yw'r sampl arferol. Mae'n bosibl na fydd cyfrifiadau'n fanwl gywir oherwydd nad yw pobl yn cwblhau ffurflenni. Erbyn heddiw, mae swyddogion ystadegau cenedlaethol a sefydliadau fel y Cenhedloedd Unedig (CU) yn cynnal ymchwiliadau pellach rhwng y cyfrifiadau i ddarparu mwy o wybodaeth am y cyfnodau rhyng-gyfrifiadol – gweler Tabl 1 (tudalennau 10-11) a Thabl 2 (tudalen 14).

Gwirio gwybodaeth 2
Pryd oedd y cyfrifiad diwethaf yn y DU?

Termau allweddol

Ystyr **cynnydd naturiol** yw pan mae mwy o enedigaethau na marwolaethau. **Cyfradd geni syml** yw'r nifer o enedigaethau'r flwyddyn o gymharu â'r boblogaeth gyfan fesul 1000 o bobl. Mae **cyfanswm cyfradd ffrwythlondeb** yn cael ei fesur fel y nifer o enedigaethau mae merch yn ei gael yn ystod ei hoes. Gellir archwilio'n fwy manwl i ddarganfod nifer y genedigaethau mewn grŵp oedran penodol fesul 1000 o ferched. Yn y gwledydd mwy economaidd ddatblygedig (gwledydd MEDd) mae'n rhaid i'r gyfradd hon fod yn 2.1 plentyn ar gyfer pob merch 15-45 oed er mwyn cynnal lefel y boblogaeth. Yn yr Eidal roedd y gyfradd yn 1.3 yn 2005 ac yn 1.7 yn y DU. Yng ngwledydd Canolbarth Affrica roedd y gyfradd gyfartalog yn 5.6 yn 2005 ac yn 4.1 yn y gwledydd Islamaidd. Gall cyfraddau genedigaethau a ffrwythlondeb gael eu dylanwadu gan:

- ddiwylliant, er enghraifft credoau a dogma crefyddol
- pwysau gwleidyddol i gynyddu neu leihau'r boblogaeth
- arferion cymdeithasol, er enghraifft priodi'n hwyrach
- digwyddiadau fel diwedd rhyfel

Ystyr **cyfradd marw syml** yw'r marwolaethau bob blwyddyn o gymharu â'r boblogaeth gyfan fesul 1000 o bobl. Mae **cyfradd marwolaethau penodol i oed** yn rhoi mwy o fanylion. Mae hylendid, deiet a gwelliannau meddygol i gyd yn gallu cynyddu neu leihau'r cyfraddau hyn. Un o'r cyfraddau allweddol yw **cyfradd marwolaethau babanod**, sy'n mesur nifer y marwolaethau plant o dan 1 oed fesul 1000 o enedigaethau byw. Mae'r **gyfradd marwolaethau mamol** yn mesur marwolaethau merched wrth eni plant fesul 100,000 o enedigaethau byw. Mae'r ddau olaf yn cael eu defnyddio'n aml i fesur i ba raddau mae gwledydd yn datblygu.

Disgwyliad oes yw'r blynyddoedd cyfartalog mae disgwyl i unigolyn fyw. Mae'n bosibl astudio disgwyliad oes yn ôl grwpiau oedran a rhyw. Disgwyliad oes plant a gafodd eu geni yn y DU yn 2010 oedd 80 (77 ar gyfartaledd mewn gwledydd MEDd). Roedd y disgwyliad oes cyfartalog yn Lesotho yn 41 (67 ar gyfartaledd mewn gwledydd LlEDd) a 55 yn holl wledydd Deheudir Affrica.

Mae **mudo** yn digwydd pan fydd pobl yn symud o un ardal weinyddol i un arall, gan newid lle maen nhw'n byw yn barhaol. **Cydbwysedd mudo** yw faint yn fwy o bobl sy'n mewnfudo nag sy'n allfudo neu fel arall. **Mewnfudo** yw llif pobl dros gyfnod o amser penodol (blwyddyn neu ddegawd) i mewn i wlad/ardal, naill ai dros dro neu'n barhaol. **Allfudo** yw'r llif i'r cyfeiriad arall.

Newid poblogaeth net yw'r newid mewn gwlad dros gyfnod o amser ar ôl ystyried newid naturiol a newid mudo. Mae'n cael ei fynegu fel rhif neu ganran fel arfer. Mae Ffigur 1 yn dangos data ar gyfer 1995-2000.

Cyngor yr arholwr
Cewch fwy o farciau os gallwch ddiffinio'r termau yn gywir a rhoi enghraifft.

Gwirio gwybodaeth 3
Beth yw ystyr y termau 'cyfradd geni syml' a 'cyfradd marw syml'?

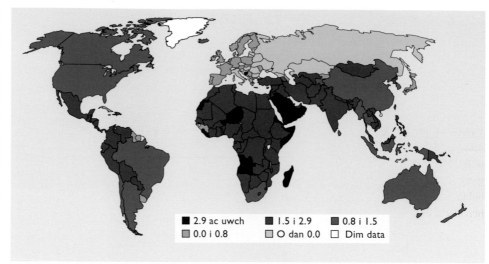

Ffigur 1 Cyfradd gyfartalog flynyddol newid poblogaeth, 1995-2000 (%)

Arddangos data demograffig a data poblogaeth

Mae daearyddwyr a demograffwyr yn portreadu poblogaeth mewn amrywiaeth o ffyrdd. Mae'n bosibl mapio pob un o'r mesurau uchod ar unrhyw raddfa, o'r byd-eang i'r lleol (dinas).

Mae **mapiau dwysedd** yn dangos nifer y bobl fesul uned arwynebedd tir (personau fesul hectar). Dangosir hyn fel **map coropleth** (tywyllu neu liwio ardaloedd â dwysedd gwahanol). Mae'r dull hwn yn cael ei ddefnyddio i ddangos y rhan fwyaf o'r data uchod. Mae mapiau dwysedd yn anwybyddu gallu'r tir/gwlad i gefnogi'r boblogaeth sy'n byw o fewn ei ffiniau. Mae **dwysedd ffisiolegol** yn mesur nifer y bobl sy'n cael eu cefnogi fesul hectar o dir âr, sy'n mesur gallu gwlad i'w chefnogi ei hun o'r tu mewn i'w ffiniau ei hun.

Mae'n bosibl defnyddio dotiau neu symbolau cyfrannol i bortreadu **dosbarthiad**. Mae hyn yn gymharol anfoddhaol oherwydd bod symbolau'n gorgyffwrdd, ond mae'n gallu bod yn ddefnyddiol ar raddfa leol pan fydd mwy o le i arddangos y data.

Cyngor yr arholwr

Dylech allu trafod cryfderau a gwendidau mapiau o bob math. Mae cryfderau a gwendidau mapiau dwysedd, coropleth, topolegol a lliflin yr un fath pa bynnag ddata maen nhw'n eu portreadu.

Gwirio gwybodaeth 4

Beth mae Ffigur 2 yn ei ddweud wrthym am ddosbarthiad poblogaeth y byd?

Ffigur 2 Map topolegol o boblogaeth y byd

Mae **mapiau topolegol** yn portreadu sialens y boblogaeth fyd-eang yn fwy manwl. Mae arwynebedd pob gwlad (neu ardal weinyddol) yn gymesur â chyfanswm ei phoblogaeth neu unrhyw gyfanswm arall sy'n cael ei fesur (Ffigur 2).

Er ei bod yn bosibl defnyddio mapiau coropleth a mapiau dotiau i bortreadu mudo, **mapiau llif** yw'r ffordd orau gan eu bod yn dangos cyfeiriad a graddfa'r symudiadau trwy led y lliflin.

Y **pyramid oed-rhyw** yw'r ffordd glasurol o bortreadu rhyw ac oedran. Mae pyramidiau'n dangos datblygiad. Maen nhw'n cael eu defnyddio i astudio nodweddion demograffig grwpiau unigol mewn ardal. Mae Ffigurau 3a, b ac c yn dangos rhai pyramidiau ar gyfer trigolion Singapore. Er mwyn gwneud yn siŵr ei bod yn bosibl cymharu pyramidiau, dylid mynegi'r holl ddata fel canran o'r boblogaeth gyfan. Fodd bynnag, mae llawer o ffynonellau'n defnyddio rhifau absoliwt, sy'n ei gwneud hi'n fwy anodd cymharu'r data.

Cyngor yr arholwr
Os cewch chi fap o'r byd sy'n cynnwys data, dylech geisio enwi gwledydd er mwyn cefnogi eich ateb. Mae'n werth cael map gwleidyddol o'r byd wrth law wrth edrych ar fapiau sydd â data ar boblogaeth y byd.

Gwirio gwybodaeth 5
Disgrifiwch y pyramidiau ar gyfer poblogaeth Singapore. Pa grwpiau oedran sydd â'r cyfrannau uchaf yn 2008? Beth yw'r gwahaniaethau rhwng y poblogaethau Tsieineaidd a Malayaidd yn 2000?

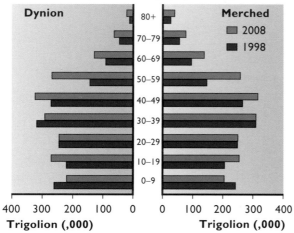

Ffigur 3a Pyramid oedran poblogaeth Singapore

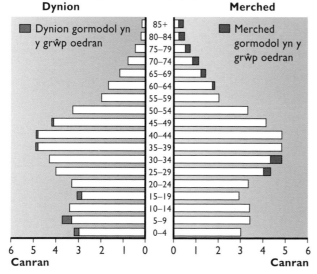

Ffigur 3b Tsieineaid yn Singapore (2000) fel % o'r boblogaeth Tsieineaidd (2.5 miliwn)

Grwpiau oedran (blynyddoedd)

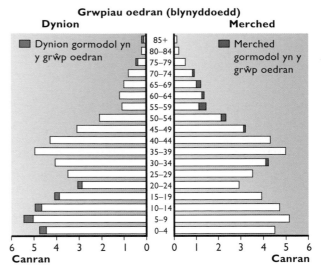

Ffigur 3c Malayaid yn Singapore (2000) fel % o'r boblogaeth Malayaidd (0.45 miliwn)

Mae'n bosibl defnyddio graffiau i ddangos tueddiadau hefyd. Mae **graffiau llinell** yn cael eu defnyddio i ddangos cyfraddau twf newidiol ar gyfer llawer o'r dangosyddion demograffig. Mae **graffiau bar** yn cael eu defnyddio i ddangos gwybodaeth am leoedd dros amser.

Newid poblogaeth byd-eang

Mae Tabl 1 yn nodi amrywiaeth o ddangosyddion ar gyfer gwledydd penodol. Mae'r data yn nodi materion fel effaith rhyfel (Afghanistan) ar ddisgwyliad oes. Mae gwella gofal iechyd ac effaith hynny ar gyfraddau marwolaeth, genedigaethau a marwolaeth babanod yn amlwg. Fodd bynnag, mae yna eithriadau i hyn ac mae'n werth edrych arnynt a'u hegluro.

Tabl 1 Data poblogaeth ar gyfer gwledydd penodol, 2010 (1999 mewn cromfachau)

Gwlad	Poblogaeth (miliynau)	Disgwyliad oes adeg geni (blynyddoedd)	Cyfradd marw syml (fesul 1000)	Cyfradd geni syml (fesul 1000)	Cyfradd marwolaethau babanod (fesul 1000 o enedigaethau byw)	% y boblogaeth 65+
Afghanistan	29.1 (22.8)	44 (46)	18 (22)	39 (50)	155 (ddim ar gael)	2
Viet Nam	88.9 (78.7)	74 (68)	5 (6)	17 (20)	15 (37)	8
India	1188.8 (998)	64 (63)	7 (9)	23 (26)	53 (71)	5
China	1338.1 (1253.6)	74 (70)	7 (7)	12 (16)	21 (30)	8
Bangladesh	164.4 (127.7)	66 (58)	7 (9)	22 (28)	45 (61)	4
Chad	11.5 (7.5)	49 (47)	17 (16)	46 (45)	130 (101)	3
Sierra Leone	5.8 (4.9)	47 (38)	16 (25)	40 (45)	89 (168)	2
Burkina	16.2 (11.6)	53 (71)	12 (19)	46 (44)	81 (105)	3
Burundi	8.5 (6.7)	50 (43)	15 (20)	36 (41)	98 (105)	3
Rwanda	10.4 (8.3)	51 (41)	14 (22)	42 (45)	102 (123)	2
Yr Aifft	80.4 (67.2)	72 (67)	6 (7)	27 (26)	28 (47)	4
Uganda	33.8 (21.5)	52 (40)	13 (19)	47 (46)	76 (88)	3
Malaysia	28.5 (22.7)	74 (72)	5 (4)	21 (24)	9 (8)	5

Gwlad	Poblogaeth (miliynau)	Disgwyliad oes adeg geni (blynyddoedd)	Cyfradd marw syml (fesul 1000)	Cyfradd geni syml (fesul 1000)	Cyfradd marwolaethau babanod (fesul 1000 o enedigaethau byw)	% y boblogaeth 65+
Singapore	5.1 (4)	81 (77)	4 (5)	10 (13)	2.2 (3)	9
Gwlad Thai	68.1 (60.8)	69 (69)	8 (7)	15 (17)	44 (28)	7
México	110.6 (97.3)	76 (73)	5 (5)	19 (27)	17 (29)	6
Brasil	193.3 (167.9)	73 (67)	6 (7)	17 (17)	24 (32)	7
Ffederasiwn Rwsia	141.9 (147.1)	68 (67)	14 (14)	12 (9)	8.2 (16)	13
Bwlgaria	7.5 (8.2)	72 (71)	14 (14)	11 (8)	9 (14)	18
Yr Almaen	81.6 (82.1)	80 (77)	10 (10)	8 (9)	3.5 (5)	20
Ffrainc	63 (58.8)	81 (78)	9 (9)	13 (13)	3.6 (5)	17
Yr Eidal	60.5 (57.6)	82 (78)	10 (10)	10 (9)	3.6 (5)	20
Japan	127.4 (126.6)	83 (80)	9 (8)	9 (10)	2.6 (4)	23
UDA	309.6 (278.2)	78 (77)	8 (9)	14 (15)	6.4 (7)	13
Y DU	62.2 (59.8)	80 (77)	9 (11)	13 (12)	4.7 (6)	16

(Ffynhonnell: Dalen Ddata Poblogaeth y Byd 1999 a 2010)

Gwirio gwybodaeth 6

Ceisiwch egluro'r gwahaniaethau rhwng cyfradd marwolaethau babanod yn Nhabl 1.

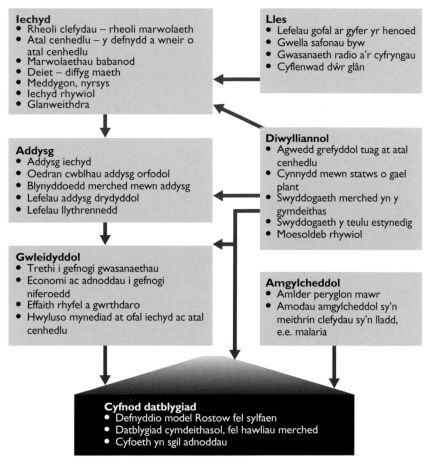

Iechyd
- Rheoli clefydau – rheoli marwolaeth
- Atal cenhedlu – y defnydd a wneir o atal cenhedlu
- Marwolaethau babanod
- Deiet – diffyg maeth
- Meddygon, nyrsys
- Iechyd rhywiol
- Glanweithdra

Lles
- Lefelau gofal ar gyfer yr henoed
- Gwella safonau byw
- Gwasanaeth radio a'r cyfryngau
- Cyflenwad dŵr glân

Addysg
- Addysg iechyd
- Oedran cwblhau addysg orfodol
- Blynyddoedd merched mewn addysg
- Lefelau addysg drydyddol
- Lefelau llythrennedd

Diwylliannol
- Agwedd grefyddol tuag at atal cenhedlu
- Cynnydd mewn statws o gael plant
- Swyddogaeth merched yn y gymdeithas
- Swyddogaeth y teulu estynedig
- Moesoldeb rhywiol

Gwleidyddol
- Trethi i gefnogi gwasanaethau
- Economi ac adnoddau i gefnogi niferoedd
- Effaith rhyfel a gwrthdaro
- Hwyluso mynediad at ofal iechyd ac atal cenhedlu

Amgylcheddol
- Amlder peryglon mawr
- Amodau amgylcheddol sy'n meithrin clefydau sy'n lladd, e.e. malaria

Cyfnod datblygiad
- Defnyddio model Rostow fel sylfaen
- Datblygiad cymdeithasol, fel hawliau merched
- Cyfoeth yn sgil adnoddau

Ffigur 4 Egluro amrywiadau byd-eang mewn dangosyddion demograffig

Mae'r rhesymau dros y dosbarthiadau a'r ffigurau yn bwysicach na'r dosbarthiadau a'r ffigurau eu hunain. Mae Ffigur 4 yn dangos y ffactorau allweddol sy'n egluro'r amrywiadau byd-eang mewn dangosyddion demograffig. Y prif ffactor yw'r **cyfnod datblygiad**, sy'n deillio o'r ffactorau sydd i'w gweld yn y diagram. Cofiwch fod dangosyddion iechyd demograffig a'r holl ddata yn cyfeirio at amser penodol. Mewn gwirionedd, mae pob gwlad a rhanbarth yn ddynamig a newidiol. Mae gwledydd yn datblygu'n economaidd ac yn gymdeithasol, ac mae hyn yn effeithio ar newid poblogaeth dros amser.

1.2 Sut a pham mae poblogaethau yn newid yn naturiol?

Yr eglurhad mwyaf cyffredin yw'r **trawsnewid demograffig** (Ffigur 5). Mae gan wledydd nodweddion unigryw ym mhob cyfnod. Nid oes unrhyw wlad yn parhau i fod yng Nghyfnod 1, er ei bod yn bosibl fod yna bobloedd mewn rhai gwledydd sy'n parhau i fod yng Nghyfnod 1. Pwynt allweddol yw'r ffaith fod y model yn anwybyddu mudo sy'n arwyddocaol i lawer o wledydd.

Ffigur 5 Model trawsnewid demograffig pum cyfnod

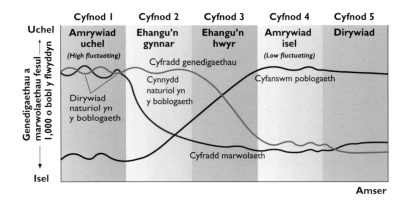

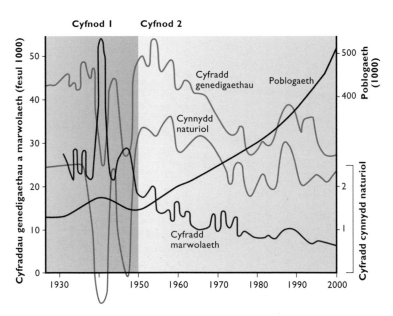

Ffigur 6 Cyfraddau genedigaethau a marwolaeth Cabo Verde mewn perthynas â thrawsnewid demograffig, 1930-2000

Cyfnod 2 (e.e. Cabo Verde; Ffigur 6)

- Poblogaeth 500,000 yn 2010.
- Twf yn cyflymu gyda bwlch mawr rhwng cyfradd genedigaethau (25/000) a chyfradd marwolaeth (6/000) yn 2010.
- Chwyldro meddygol yn helpu i reoli marwolaethau.
- Llai o farwolaethau babanod (25/000).
- Mwy o drefoli a diwydianeiddio – 60% trefol.

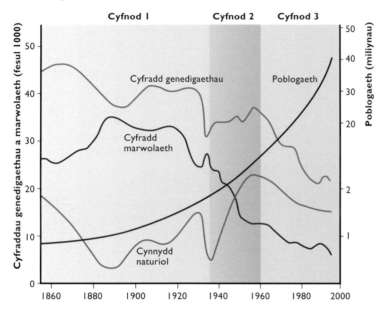

Ffigur 7 Cyfraddau genedigaethau a marwolaeth Chile mewn perthynas â chyfnodau'r trawsnewid demograffig, 1860-2000

Cyfnod 3 (e.e. Chile; Ffigur 7)

- Twf poblogaeth oherwydd bod y gyfradd genedigaethau'n llai.
- Arferion cymdeithasol wedi newid.
- Mwy o fateroliaeth ac elusengarwch – diddordeb mewn cyfleoedd bywyd.
- Llai o blant yn cael eu geni yn sgil newidiadau economaidd.
- Yr economi yn arallgyfeirio tuag at wasanaethau.
- Chile yn symud tuag at Gyfnod 4.

Cyfnod 4 (e.e. Denmarc)

- Twf isel.
- Mwy o ferched yn y gweithlu.
- Ffordd o fyw yn newid – mwy o incwm, mwy o amser hamdden a mwy o atal cenhedlu.
- Cyd-fyw a chael plant yn hwyrach.
- Mewnfudo yn atal dirywiad yn y boblogaeth.
- Symud tuag at Gyfnod 5.

Cyfnod 5 – yr ail drawsnewid demograffig (e.e. Yr Almaen; Ffigur 8)

- Cyfradd genedigaethau isel iawn a niferoedd isel o blant fesul merch.
- Gwledydd MEDd â phoblogaethau sy'n heneiddio, mewnfudo yn llenwi bylchau yn y gweithlu a mwy o bobl ifanc a phobl sydd â sgiliau o safon uchel yn gadael ar gyfer y farchnad fyd-eang.
- Economi'n seiliedig ar wybodaeth, TGCh a biotechnoleg.
- Cynnydd mewn unigoliaeth sy'n gysylltiedig â hawliau merched yn y farchnad lafur, agweddau newydd tuag at atal cenhedlu ac erthylu, a mwy o annibyniaeth ariannol.

Cyngor yr arholwr

Mae pyramidiau poblogaeth newidiol a llawer o ddata demograffig ar gyfer y rhan fwyaf o wledydd ar gael ar **www.nationmaster. com**

Gwirio gwybodaeth 7

Nodwch dair nodwedd amlwg yn y pyramid poblogaeth ar gyfer yr Almaen yn Ffigur 8.

- Mwy o bryderon amgylcheddol ynglŷn ag effaith cynnydd yn y boblogaeth ar adnoddau.
- Cynnydd mewn ffordd o fyw sydd heb fod yn draddodiadol, fel perthynas rhwng pobl o'r un rhyw.
- Mwy o bobl yn ddi-blant a merched yn beichiogi yn hŷn.

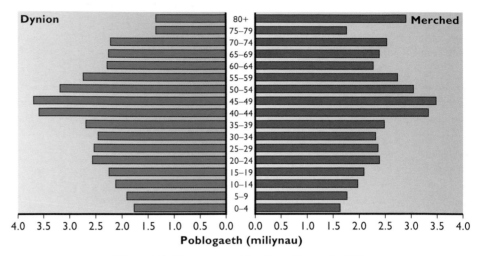

Ffigur 8 Yr Almaen: pyramid poblogaeth ar gyfer 2010

Goblygiadau newid poblogaeth

Mae poblogaeth y byd yn tyfu'n **esbonyddol** neu'n **geometregol** – mae'r rhif yn cynyddu fel cyfran gyson o'r cyfanswm ar adeg flaenorol. Mae'n ymddangos fel cromlin sy'n fwyfwy serth ar bapur graff arferol a llinell syth ar bapur graff logarithmig. Mae Tabl 2 yn dangos y wybodaeth fesul cyfandir, gan ddefnyddio data rhagolwg ar gyfer 2050.

Mae angen adnoddau i gynnal y boblogaeth er mwyn ymdopi â thwf poblogaeth. Mae'r gallu i gynnal y boblogaeth yn cael ei fesur gan y **gymhareb poblogaeth-adnoddau**, sydd erbyn hyn yn hen ddull o gysylltu gallu poblogaeth i'w chynnal ei hun drwy ddefnyddio ei hadnoddau ei hun a thrwy fasnachu.

Gwirio gwybodaeth 8

Disgrifiwch y gwahaniaethau sy'n amlwg rhwng y data ar gyfer Affrica, Asia ac Ewrop.

Tabl 2 Twf poblogaeth, 1950-2050

Cyfandir	Poblogaeth (miliynau)			Cyfran poblogaeth y byd (%)			Newid (miliynau)		Cyfran newid y byd (%)	
	1950	2010	2050[1]	1950	2010	2050[1]	1950-2010	2010-2050[1]	1950-2010	2010-2050
Affrica	221	1,030	1,803	8.8	15.0	20.3	809	773	18.6	38.2
Asia	1,402	4,157	5,222	55.6	60.4	58.6	2,755	1,065	63.1	52.6
Ewrop	547	739	633	21.7	10.7	7.0	192	−106	4.4	−5.2
America Ladin	167	585	767	6.6	8.5	8.6	418	182	9.5	8.9
Gogledd America	172	344	448	6.8	4.9	5.0	172	104	3.9	5.1
Oceania	13	37	45	0.5	0.5	0.5	24	8	0.5	0.4
Y Byd	**2,522**	**6,892**	**8,918**	**100**	**100**	**100**	**4,370**	**2,026**	**100**	**100**

[1] = Amcangyfrifon 2004 y CU

Poblogaeth gynaliadwy, neu **boblogaeth optimwm**, yw'r boblogaeth mae'n bosibl ei chynnal trwy ddefnyddio'r amodau technolegol, economaidd a chymdeithasol presennol i greu cymaint o gynnyrch â phosibl heb ddefnyddio'r holl adnoddau naturiol. Dyma un o nodau damcaniaethol y byd ac mae'n sicr yn nod i wledydd unigol. Un o bryderon mwyaf y dyfodol yw **gorboblogi**, lle na fydd adnoddau'n gallu cynnal safon byw bresennol y boblogaeth heb leihau'r boblogaeth honno neu gynyddu'r adnoddau sydd ar gael i'w chynnal. Mae hyn yn bryder i'r gwledydd llai economaidd ddatblygedig (gwledydd LlEDd) lle mae bygythiadau Malthus fel newyn, AIDS a rhyfel yn cael effaith.

Mae **tanboblogi** yn digwydd pan nad yw adnoddau sydd eisoes yn bodoli yn gallu cynnal mwy o boblogaeth heb ostwng safonau byw, neu pan fydd y boblogaeth yn rhy fach i ddatblygu'r adnoddau sydd ar gael.

Anaml iawn y bydd tanboblogi yn bryder heddiw, er bod peth pryder mewn rhai o wledydd MEDd lle mae'r boblogaeth yn dirywio yn naturiol. Mae mudo rhyngwladol yn aml yn cael ei annog dan amgylchiadau o'r fath.

Cyngor yr arholwr
Dylech wneud yn siŵr eich bod yn gallu bwrw golwg dros dablau gan ddod o hyd i wybodaeth berthnasol yn gyflym. Beth mae'r rhesi a'r colofnau eraill yn ei ddweud wrthych?

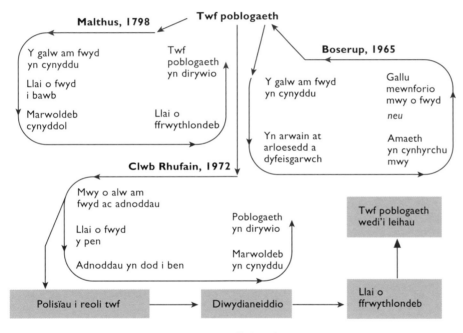

Ffigur 9 Tri model o effaith twf poblogaeth

Cyngor yr arholwr
Dylech allu gwneud diagram o bob un o'r modelau.

Mae'r ddadl ynglŷn â gallu'r byd i gynnal ei boblogaeth wedi bodoli ers i **Thomas Malthus** ysgrifennu ei ddamcaniaeth yn 1798. Yn yr ugeinfed ganrif, cafodd Malthus (Ffigur 9) ei herio gan **Esther Boserup** (1965) a'i gefnogi gan Glwb Rhufain (1972). Mae **neo-Malthwsiaid** wedi awgrymu bod y newyn yn y Sahel ac yn Somalia yn 2011 wedi dangos nad oes digon o fwyd ar gyfer y boblogaeth. Yn ôl y Gyfundrefn Fwyd ac Amaeth (*FAO: Food and Agriculture Organization*), mae hyd at 800 miliwn o bobl yn dioddef diffyg maeth. Mae twf poblogaeth yn cyflymu yn Affrica ac yn amharu ar ddatblygiad, ond mae rhyfeloedd a'r pandemig AIDS wedi arafu'r cynnydd. Credir y bydd prinder dŵr, fel y cafwyd yn Somalia yn 2011 a achoswyd yn rhannol oherwydd newid yn yr hinsawdd, yn dod yn broblem fawr erbyn 2050. Heddiw, rydym yn fwy ymwybodol nag erioed na fydd adnoddau'r byd yn para am byth. Mae hyn wedi cynyddu pwysigrwydd **datblygiad cynaliadwy** (a gyflwynwyd yn yr Uwchgynhadledd

Amgylcheddol Fyd-eang yn Stockholm yn 1972), a'r cysylltiadau hollbwysig rhwng poblogaeth, yr economi a'r amgylchedd. Canolbwyntiodd Uwchgynhadledd y Byd yn Johannesburg yn 2002 ar reoli adnoddau byd-eang yn gynaliadwy, dileu tlodi a gwella gofal iechyd.

1.3 Pa ran mae mudo yn ei chwarae mewn newid poblogaeth?

Cymhellion – pam mae pobl yn mudo?

Mae Tabl 3 yn cynnig model sylfaenol o fudo ar unrhyw raddfa. Y term ar gyfer y gwahaniaeth rhwng rhifau mewnfudo ac allfudo yw **mudo net**. Bydd yn amrywio dros amser o fewn gwlad a rhwng gwledydd. Digwyddiad tymor hir yw mudo yn gyffredinol a hynny am resymau economaidd yn bennaf. Fodd bynnag, bu llawer o sôn yn y wasg am ffoaduriaid a cheiswyr lloches, sy'n cael eu camgymryd yn aml am fewnfudwyr economaidd.

Tabl 3 Ffactorau sy'n dylanwadu ar fudo, symudedd a chyfleoedd gwaith unigolion

Yr hyn mae'r mudwr sy'n chwilio am waith yn chwilio amdano – y swyddi sydd ar gael			Y galw mewn ardal	
Nodweddion personol	**Ffactorau economaidd gymdeithasol**	**Cludiant**	**Anghenion cyflogwyr**	**Y galw yn yr ardal**
Addysg ofynnol Cymwysterau ar gyfer y swydd Profiad gwaith y chwiliwr CV/sgiliau cyfweld gofynnol Personoliaeth – pa mor addas ydw i?	Hanes gwaith da/gwael Gallu fforddio gofal plant Oed y chwiliwr Rhyw'r chwiliwr Hil y chwiliwr Iechyd y chwiliwr	Cludiant preifat Cludiant cyhoeddus Pa mor hygyrch yw'r swydd Cost cludiant Costau tai	Gwahaniaethu go iawn neu ganfyddedig, yn seiliedig ar: • Brofiad gwaith ymgeiswyr • Cod post • Cyfnod di-waith/ cyflogedig • Oed/rhyw/hil yn y maes recriwtio	Faint o swyddi sydd yn yr ardal? A yw'n ardal o dwf cyflogaeth? Swydd/sgiliau A yw'n llawn amser neu'n rhan amser? Ansawdd y gweithwyr mewn ardal

Mae Tabl 3 yn dangos bod yna lawer iawn o ffactorau eraill yn berthnasol pan fydd unigolyn yn ystyried mudo am resymau economaidd. Mewn gwledydd MEDd, bydd y ffactorau hyn yn egluro pam mae'n haws i rai pobl fudo i gael gwaith nag eraill.

Mudo gwirfoddol neu orfodol?

Gan amlaf mae'r mudwr, pennaeth cartref y mudwyr, neu grŵp o bobl yn dewis mudo o'u gwirfodd. Fodd bynnag, yn ôl Uchel Gomisiynydd y Cenhedloedd Unedig dros Ffoaduriaid (*UNHCR: United Nations High Commissioner for Refugees*), mae 22 miliwn o bobl wedi eu gorfodi i adael eu cartrefi a/neu eu gwlad. Gweler yr enghreifftiau yn Nhabl 4.

Tabl 4 Teipoleg o fudo rhyngwladol

Gwirfoddol	Enghreifftiau	Dan orfodaeth	Enghreifftiau
Rhwng gwledydd MEDd	Eidalwyr yn symud i Bedford yn y 1950au: gweithfeydd brics. Pwyliaid yn symud i'r DU i weithio ar ôl 2004	Rhwng gwledydd MEDd	Almaenwyr o Hwngari i Orllewin yr Almaen yn 1945. Ffrancwyr o Alsace i Ffrainc ar ôl y rhyfel rhwng Ffrainc a Prwsia yn 1871

Gwirfoddol	Enghreifftiau	Dan orfodaeth	Enghreifftiau
Llafur crefftus	Arbenigwyr ariannol i Efrog Newydd a Singapore	ddim yn berthnasol	ddim yn berthnasol
Rhwng gwledydd LIEDd	Lesotho i Dde Affrica	Rhwng gwledydd LIEDd	Pobl Hutu o Rwanda i Weriniaeth Ddemocrataidd Congo. Palesteiniaid i'r Lan Orllewinol a Gasa
Gwledydd LIEDd i wledydd MEDd	O Fangladesh i'r Emiradau Arabaidd Unedig	Gweithwyr rhyw a masnachu mewn plant	Pobl Nigeria yn symud i'r DU
Mudwyr llafur	Pobl yn symud o'r Caribî i'r DU yn y 1950au. Pobl yn symud o México i UDA	Mudwyr llafur	Gweithwyr y diwydiant rhyw o Ddwyrain Ewrop
Ffoaduriaid	O Montserrat i Antigua yn dilyn echdoriad folcanig	Ffoaduriaid	Glanhau ethnig yn Ne Sudan yn 2010. Pobl yn symud o Libya i'r Eidal yn 2011
Ceiswyr lloches	O Afghanistan i Awstralia/y DU, o Iraq i'r DU	Ceiswyr lloches	Cwrdiaid o Iraq i'r Eidal

Gwirio gwybodaeth 9

Nodwch enghreifftiau gwahanol i'r rhai sydd yn Nhabl 4.

Modelau mudo

Deddfau Ravenstein

Mae deddfau Ravenstein yn seiliedig ar Brydain yn yr 1880au. Roedd nodweddion mudo fel hyn:

- mae'n digwydd dros bellter byr
- mae'n digwydd cam wrth gam
- mae pobl yn teithio'n bellach i ganolfannau mawr
- mae pobl yn symud i'r cyfeiriad arall hefyd
- mae pobl wledig yn fwy tebygol o fudo na phobl o'r dref
- mae mwy o ferched yn symud na dynion
- mae'r rhan fwyaf o fudwyr yn oedolion
- mae trefi mawr yn tyfu mwy oherwydd mudo nag oherwydd cynnydd naturiol
- mae diwydianeiddio'n arwain at gynnydd yn y boblogaeth
- mae'r llif mwyaf yn digwydd o'r ardaloedd amaethyddol i'r trefi diwydiannol
- rhesymau economaidd sy'n bennaf gyfrifol am fudo

Gwirio gwybodaeth 10

A yw'r 'deddfau' hyn yn berthnasol heddiw? Os ydyn nhw, ym mhle a pham? Os nad ydyn nhw, beth yw'r rheswm dros hynny?

Model Lee

Yn ôl Lee, bydd pobl yn:

- asesu ac yn canfod y cyrchfan
- asesu'r amodau lle maen nhw'n byw
- ystyried rhwystrau rhwng y ddau, fel pellter a chost
- ystyried amgylchiadau personol

Model cyfleoedd cyfamserol Stouffer

Mae'r model hwn (Ffigur 10) yn ceisio egluro pam mae mudwyr yn ymgartrefu mewn lleoliadau sy'n wahanol i'r cyrchfan lle yr oeddent yn bwriadu byw yn wreiddiol.

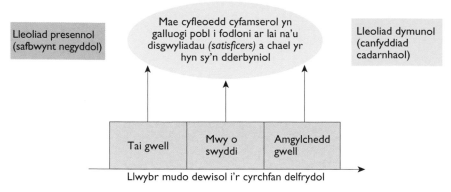

Ffigur 10 Model cyfleoedd cyfamserol Stouffer

Model Todaro

Mae model Todaro yn seiliedig ar ddwy egwyddor:

● Ffactorau economaidd yw'r ffactorau gwthio-tynnu pwysicaf.

● Mae mudo'n fwy tebygol o ddigwydd pan mae incwm trefol yn fwy nag incwm gwledig.

Y model penderfynu

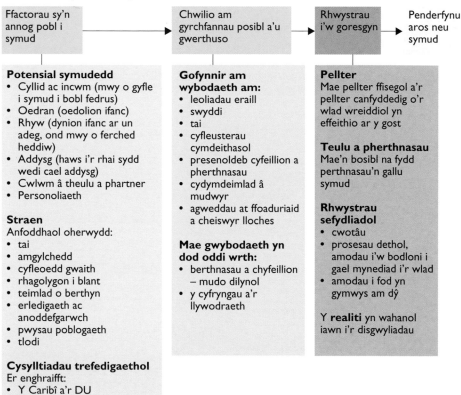

Gwirio gwybodaeth 11

Allwch chi feddwl am enghreifftiau eich hun sy'n cefnogi'r pwyntiau yn Ffigur 11?

Ffigur 11 Y model penderfynu

Mudo ar raddfa genedlaethol: y DU

Mudodd llawer o bobl i'r meysydd glo yn y bedwaredd ganrif ar bymtheg, er enghraifft i Dde Cymru o ardaloedd gwledig Cymru ac Iwerddon. Symudodd llawer o bobl i Lundain a De-ddwyrain Lloegr yn ystod hanner cyntaf yr ugeinfed ganrif. Ers y 1930au, mae'r broses o **faestrefoli** wedi arwain at bobl yn symud i gyrion dinasoedd. Dechreuodd y broses o **wrthdrefoli** ar ddiwedd yr ugeinfed ganrif ac mae'n parhau heddiw. Mae pobl yn gadael y dinasoedd i fyw mewn trefi bach a phentrefi fel rhan o'r broses hon. Mae yna fathau eraill o fudo hefyd: ymddeol i Dde-ddwyrain Lloegr, allfudo i'r Dordogne neu Arfordir Sbaen ar ôl prynu tŷ haf, a myfyrwyr yn symud i drefi prifysgolion ac yn gadael wedyn ar ôl graddio. Mae yna lefelau sylweddol o **ail-drefoli** (mudo yn ôl i ddinasoedd) gan bobl sengl a llwyddiannus a phobl gyfoethog yn bennaf.

Yn 2011, roedd 11.5% o boblogaeth y DU wedi'u geni y tu allan i'r wlad: y tair gwlad uchaf ar y rhestr oedd India – 684,000, Gwlad Pwyl – 521,000, Pakistan – 419,000. Daeth dros 125,000 o bobl i'r DU o Iwerddon, yr Almaen, De Affrica, Bangladesh, UDA, Jamaica, Nigeria, Kenya a Zimbabwe. Y materion sy'n berthnasol i'r DU yw:

- Y defnydd o iaith emosiynol gan y cyfryngau wrth bortreadu mewnfudo, gan gynnwys 'llif', 'llanw' a 'gorlwytho' gwasanaethau.
- Anhawster wrth wahaniaethu rhwng mudwyr economaidd a ffoaduriaid a cheiswyr lloches.
- Cymunedau mudol yn annog cyfres o berthnasau i fudo i'r un ardal.
- Problemau'n rheoli ffiniau'r DU.
- Pwysau ar dai, addysg, gwasanaethau iechyd a gwasanaethau cymdeithasol.
- Mae llawer o'r drafodaeth yn cael ei chymylu gan faterion yn ymwneud â ffoaduriaid a cheiswyr lloches.

Gwirio gwybodaeth 12
A yw'r rhesymau dros fudo yn union yr un fath ar gyfer pob gwlad wreiddiol? Pa ffactorau allai egluro'r patrymau mudo hyn?

Effaith mudo rhyngwladol

Mae mudo rhyngwladol yn effeithio ar fwy o wledydd wrth i nifer y bobl sy'n mudo gynyddu. Mae mwy o amrywiaeth o bobl yn mudo erbyn hyn, ac nid oes un grŵp penodol yn gyfrifol am y llif fel yn y gorffennol. Mae mwy o ferched yn mudo'n annibynnol i gael gwaith. Mae'r newidiadau hyn yn arwain at sialensiau newydd i'r gwladwriaethau sy'n derbyn pobl a'r gwladwriaethau sy'n colli pobl. Mae mwy o fudo tymor byr erbyn hyn wrth i wladwriaethau gyfyngu ar drwyddedau gwaith. Mae mudo tymor hir wedi lleihau oherwydd pwysau gwleidyddol gan y gwledydd sy'n derbyn, prinder swyddi sgiliau isel, a gofynion mynediad mwy llym fel systemau pwyntiau a chwota'r DU – y **Rhaglen Mudwyr Medrus Iawn**. Er bod pobl yn mudo i gael gwaith, mae llawer yn dychwelyd adref wedyn.

Effaith ar y wlad sy'n derbyn mudwyr

- Disodli demograffig ar gyfer newid naturiol isel a phoblogaeth sy'n dirywio, er enghraifft, Twrciaid yn mudo i Orllewin yr Almaen yn y 1970au, Croatiaid yn mudo i'r Swistir ac Iraniaid yn mudo i Sweden (er y bydd rhai ffynonellau yn disgrifio'r bobl hyn fel ffoaduriaid o bosibl). Yn 2002, nododd yr Almaen fod angen 50,000 o fudwyr y flwyddyn arnynt i ymdopi â'r newid demograffig oherwydd Almaenwyr yn ymddeol.
- Cwrdd ag anghenion y farchnad lafur, e.e. pobl yn symud o'r Caribî i'r DU yn y 1950au, pobl o Bortiwgal (Madeira) yn symud i Guernsey yn y 1990au, a phobl Latvia yn fwy diweddar. Mae rhai pobl yn priodi ar ôl mudo ac yn aros yn barhaol wedyn, ond mae llawer yn **weithwyr gwadd** – pobl sy'n cael eu recriwtio dros dro, fel pobl o Dde Asia yn symud i'r Emiradau Arabaidd Unedig, neu weithwyr cyflogedig sy'n gwneud gwaith penodol, fel gweithwyr Banc Barclays a Microsoft o'r DU yn gweithio yn Efrog Newydd a Seattle.
- Y boblogaeth yn rhoi mwy o bwysau ar adnoddau fel bwyd a thir, tai ac adnoddau cymdeithasol. Dyma ddadl grwpiau adain dde yn y DU.

Gwirio gwybodaeth 13

A oes ardaloedd mewn dinas sy'n gyfarwydd i chi lle mae grŵp o fewnfudwyr yn dominyddu? Beth yw'r rhesymau dros hyn?

Cyngor yr arholwr

Dylech allu defnyddio ffigurau i ddangos gwahaniaethau rhanbarthol ym mhoblogaethau'r DU sydd wedi'u geni dramor.

Gwirio gwybodaeth 14

Beth mae'r term 'arwahanu' yn ei olygu i chi?

- Mae'n helpu i greu **cymdeithas amlddiwylliannol**, e.e. Toronto. Gall cymysgedd crefyddol, y siopau, y tai bwyta a cherddoriaeth y wlad sy'n derbyn y mudwyr newid.
- Gall ardaloedd gael eu dominyddu gan grŵp o fewnfudwyr, e.e. Twrciaid yn Köln (Cwlen) yn yr Almaen, pobl o'r Caribî yn Efrog Newydd a New Jersey, a phobl o China sy'n creu trefi Tsieineaidd bywiog yn y dinasoedd ar arfordir gorllewinol UDA. Mae yna wahaniaethau rhanbarthol, fel y gwelir yn y DU: yn Swydd Efrog a Glannau Humber a Gorllewin Canolbarth Lloegr, pobl o Pakistan ac India yw'r prif grwpiau; yng Nghymru a'r Alban, pobl o Wlad Pwyl ac India yw'r prif grwpiau; pobl o India a'r Almaen yw'r prif ymfudwyr yng ngogledd-ddwyrain Lloegr, a phobl o Pakistan a Gwlad Pwyl sydd wedi symud i ogledd-orllewin Lloegr yn bennaf. Mewn cyferbyniad, pobl o India a De Affrica sydd wedi symud i dde-ddwyrain Lloegr yn bennaf, ac mae llawer o bobl o Wlad Pwyl a'r Almaen yn byw yn ne-orllewin Lloegr. Trigolion a gafodd eu geni yng Ngwlad Pwyl yw'r boblogaeth dramor fwyaf neu fwyaf ond un mewn wyth rhanbarth o'r DU. Mae 123,000 o bobl a gafodd eu geni yng Ngwlad Pwyl yn byw yn Llundain, sef 24 y cant o gyfanswm y DU. Mae 6,000 o Philipiniaid yn byw yng Nghymru, a dyma'r bumed boblogaeth dramor fwyaf. Ganwyd 54% o boblogaeth Brent dramor, a dyma'r gyfran fwyaf yn y DU.
- Mae problemau yn ymwneud â chysylltiadau hiliol ac **arwahanu** yn gallu codi, fel y rhaniad yn Blackburn rhwng y mewnfudwyr ar un ochr o'r dref a'r trigolion sydd wedi sefydlu yno ers amser ar yr ochr arall. Canlyniadau posibl eraill yw **gwynion yn gadael** a **getos** yn cael eu creu.
- Adwaith gwleidyddol fel y Blaid Genedlaethol Brydeinig (BNP), y Ffrynt Genedlaethol yn Ffrainc, Plaid Rhyddid Awstria a Vlaams Blok yng Ngwlad Belg.
- Clystyrau o aelodau o'r un rhyw, e.e. dynion o dde Asia yn yr Emiradau Arabaidd Unedig a merched o México yn UDA.
- Gweithwyr anghyfreithlon sy'n ennill cyflogau isel, e.e. pobl o México yn gweithio ar ffermydd California, a rhai o'r achosion yn ymwneud ag arweinwyr gangiau yn y DU.

Effaith ar y wlad sy'n anfon y mudwyr

- Cynnydd naturiol yn arafu wrth i bobl ffrwythlon fudo.
- Cymdeithas o bobl hŷn wrth i oedolion ifanc adael.
- Y pwysau ar adnoddau yn lleihau ychydig, e.e. ar ôl newyn tatws Iwerddon.
- Llai o bobl i wneud gwaith amaethyddol a chynhyrchu bwyd.
- Gweithwyr yn anfon **taliadau** adref at eu teuluoedd. Fodd bynnag, gall llif taliadau leihau, e.e. o UDA i México yn 2009, gan arwain at galedi i'r teuluoedd gartref. Lleihaodd y taliadau 18% yn 2009.
- **Mudwyr yn dychwelyd** gyda sgiliau a rhagolygon newydd, e.e. gyrwyr tacsi a phrif gogyddion yn dychwelyd i ganolfannau gwyliau Mediteranaidd.
- **Gorllewiniad** ac **imperialaeth ddiwylliannol** yn cael eu hatgyfnerthu gan y rhai sy'n dychwelyd.
- Ateb i broblem wleidyddol neu hiliol, e.e. glanhau ethnig yn y Balcanau a phobl Asiaidd o Uganda a adawodd am y DU yn y 1970au.
- Colli sgiliau, e.e. arbenigwyr TG yn symud o India i UDA.
- All-lif pensiynau lle mae pobl yn mudo i ymddeol, e.e. pobl yn symud o'r DU i Sbaen a'r Dordogne.
- Pobl yn dychwelyd adref yn ystod cyfnodau anodd yn y wlad sydd wedi'u derbyn, am resymau economaidd neu wleidyddol.

Mudwyr yn dychwelyd

Mae dirywiad economaidd fel y wasgfa gredyd yn 2008-09 yn gallu annog llawer o fudwyr economaidd i ddychwelyd i'w mamwlad. Yn 2009, nodwyd bod gweithwyr proffesiynol o Nigeria a Ghana a oedd yn gweithio yn y DU yn dychwelyd adref, ac enw'r broses hon oedd "**mantais 'mennydd**" (*brain gain*), sef llif o weithwyr medrus yn ôl i'w mamwlad.

Yn yr un modd, mae yna lif o bobl yn dychwelyd o UDA i México, sy'n arwain at lai o incwm ar gyfer teuluoedd Mecsicanaidd. I fudwyr llafur eraill, roedd dychwelyd adref yn rhan o'u cynlluniau gwreiddiol ar ôl iddynt ennill arian. Drwy gydol y 40 mlynedd diwethaf, bu mudwyr yn dychwelyd adref yn raddol o'r Almaen a'r Swistir i wledydd de Ewrop. Roedd gan lawer o'r rhai a wnaeth ddychwelyd y cyfalaf i sefydlu eu busnesau eu hunain yn eu mamwlad.

Cyngor yr arholwr
Cofiwch nodi'n glir iawn pa fath o fudo rydych chi'n ei drafod ac ar ba raddfa – rhyngwladol, rhyngranbarthol neu leol.

Llafur mudol: mudo economaidd

Yn 2001, roedd 38,662 o boblogaeth Jersey wedi'u geni oddi ar yr ynys. 36% o'r boblogaeth oedd wedi'u geni ym Mhrydain ac roedd y niferoedd yn lleihau. Roedd 6.4% o'r boblogaeth wedi'u geni ym Mhortiwgal, yn Madeira yn bennaf, ac roedd 2.6% wedi'u geni yn Iwerddon. Roedd y Portiwgaliaid yn nodweddiadol o fudwyr llafur, gyda 54.6% ohonynt rhwng 20 a 39 oed. Roedd ychydig mwy o ddynion nag o ferched yn y grwpiau oedran hyn. Roedd mwy o ferched na dynion Gwyddelig, yn enwedig yn y grŵp 20-29 oed.

Mae'n debyg bod y gwahaniaethau hyn yn adlewyrchu nifer o ffactorau:
● Mae'r Gwyddelod yn rhannu'r un iaith â'r ynyswyr ac maen nhw wedi mudo yno yn gynharach.
● Oherwydd y pellter o'u mamwlad, roedd dynion yn fwy tebygol o fod y prif grŵp o fudwyr o Bortiwgal. Yn ogystal, daeth llawer o Bortiwgaliaid o ynysoedd fel Madeira a'r Açores (Azores) sydd hyd yn oed yn bellach i ffwrdd.
● Poblogaeth o bobl sengl yw hi yn bennaf wrth edrych ar nifer y bobl ddibynnol a mudwyr wedi ymddeol.
● Mae gan Iwerddon a Phortiwgal ddiweithdra uwch a safonau byw is na Jersey.

Mae'r Portiwgaliaid a'r Gwyddelod yn fudwyr tymor byr, ac yn dychwelyd adref yn aml ar ddiwedd tymor yr ymwelwyr. Mae aelodau'r ddau grŵp yn gwneud gwaith sgiliau isel, yn enwedig mewn gwestai, ond mae rhai ohonynt wedi setlo ar yr ynys neu'n parhau i ddychwelyd oherwydd bod ganddynt swyddi fel rheolwyr yn y diwydiant gwyliau. Mae mewnfudwyr o'r DU yn bobl gyfoethog sy'n chwilio am hafan rhag trethi ac yn weithwyr medrus sy'n cael eu denu i weithio yn y sector cyllid a gweithio i'r llywodraeth, fel ym maes addysg, ac maen nhw'n llai tebygol o fod yn fudwyr diweddar. O ganlyniad i bresenoldeb Portiwgaliaid ar yr ynys:
● mae gan siopau yn St Helier gynorthwywyr sy'n siarad Portiwgaleg i wasanaethu'r mewnfudwyr
● mae'r BBC yn Jersey yn darlledu rhaglenni yn yr iaith Bortiwgaleg
● mae'r Eglwys Gatholig yn cynnal gwasanaethau Portiwgaleg

Mae gweithwyr gwadd yn gwneud cyfraniad pwysig i'r economi genedlaethol yn y Swistir (26.5% o'r gweithlu yn 2007), yr Almaen (7.5% o'r gweithlu) a Gwladwriaethau'r Gwlff fel yr Emiradau Arabaidd Unedig, ble mae llawer o ddynion wedi mudo o Dde Asia.

Mae Tabl 5 yn crynhoi rhai o gostau a manteision llafur mudol i wlad wreiddiol y gweithwyr a'r gwledydd sy'n eu derbyn.

Gwirio gwybodaeth 15
Allwch chi feddwl am enghraifft leol o weithgaredd sy'n bennaf ar gyfer mudwyr economaidd?

Tabl 5 Materion sy'n codi yn sgil llafur mudol

Gwlad wreiddiol		Gwlad sy'n derbyn	
Costau economaidd	**Manteision economaidd**	**Costau economaidd**	**Manteision economaidd**
Colli gweithwyr sy'n oedolion ifanc	Llai o dangyflogaeth	Costau addysgu plant	Llawer o swyddi llai dymunol yn cael eu cymryd yn y wlad sy'n derbyn y mudwyr (casglu ffrwythau)

Gwlad wreiddiol		Gwlad sy'n derbyn	
Costau economaidd	**Manteision economaidd**	**Costau economaidd**	**Manteision economaidd**
Gall colli llafur crefftus arafu datblygiad	Mudwyr sy'n dychwelyd (gwrth-fudo) yn dod â sgiliau adref	Gall rhai sgiliau gael eu prynu'n rhatach, gan arwain at anfanteision i frodorion	Gall y wlad sy'n derbyn y mudwyr ennill llafur crefftus am ychydig o gost, gan lenwi'r bwlch mewn sgiliau (e.e. rhaglenwyr o India i UDA)
Mae ardaloedd sy'n colli'r nifer mwyaf yn dioddef dirywio cynyddol (e.e. rhannau o fewndir de'r Eidal)	Arian yn cael ei anfon yn ôl i'r wlad wreiddiol	Arian yn cael ei anfon yn ôl i'r wlad wreiddiol; all-lif pensiynau yn dilyn ymddeol yn y wlad wreiddiol	Rhai costau ymddeol yn cael eu trosglwyddo yn ôl i'r wlad wreiddiol
Gall colli llafur crefftus rwystro buddsoddiad o'r tu allan	Llai o bwysau ar adnoddau fel bwyd	Ychydig mwy o bwysau ar adnoddau	Rhai diwydiannau'n mynd yn ddibynnol ar fudwyr (e.e. prosesu bwyd yng Ngorllewin Sussex)
Mwy o bobl yn cael eu hannog i fudo, gan effeithio ar y strwythur cymdeithasol (e.e. Iwerddon yn yr 1840au)	Dwysedd poblogaeth yn lleihau; cyfradd genedigaethau is gan fod pobl ifanc yn tueddu i fudo	Gwahaniaethu yn erbyn lleiafrifoedd ethnig, aflonyddwch gwleidyddol a gwrthwynebiad gan bleidiau'r de (e.e. yn Awstria)	Creu cymdeithas amlhiliol, amlddiwylliannol – adeiladu cyfleusterau diwylliannol
Mwy o ferched yn cael eu gadael ar ôl	Gall arian sy'n cael ei anfon adref ddarparu ar gyfer gwell addysg a lles	Dynion yn dominyddu, yn enwedig mewn gwladwriaethau lle mae statws merched yn isel (e.e. Gwladwriaethau'r Gwlff)	Mwy o ymwybyddiaeth o ddiwylliannau eraill (e.e. cerddoriaeth, llenyddiaeth a chrefydd Caribiaidd yn y DU)
Gall fod anghydbwysedd yn y pyramid poblogaeth os nad yw pobl yn dychwelyd	Pobl sydd wedi ymddeol yn adeiladu tai	Colli agweddau ar hunaniaeth ddiwylliannol, yn enwedig ymysg yr ail genhedlaeth	Darparwyr gwasanaethau lleol (e.e. baddonau Twrcaidd a siopau papurau'r DU)
Gall dychwelyd ar ôl ymddeol arwain at gostau posibl	Rhai pobl yn gallu helpu i ddatblygu gweithgareddau newydd (e.e. twristiaeth)	Creu getos (e.e. Twrciaid yn Berlin); grwpiau o fewnfudwyr yn dominyddu mewn ysgolion	Twf siopau a thai bwyta ethnig (e.e. Rusholme, Manceinion)

1.4 Ffoaduriaid a cheiswyr lloches

Mae angen gwahaniaethu rhwng pob un o'r canlynol:

- **Ceiswyr lloches** – cais ffurfiol gan ffoadur i breswylio mewn gwlad ar ôl cyrraedd y wlad honno.
- **Mudwyr economaidd** – pobl sy'n chwilio am gyfleoedd ac yn mewnfudo i wlad yn gyfreithlon.
- **Mewnfudwyr anghyfreithlon** – pobl sy'n cyrraedd gwlad heb awdurdod ac yn gobeithio aros.
- **Pobl sydd wedi'u dadleoli o fewn eu gwlad** – pobl neu grwpiau sydd wedi'u gorfodi i ffoi neu adael eu cartrefi neu eu lle preswyl arferol o ganlyniad i, neu er mwyn osgoi effeithiau rhyfel, sefyllfaoedd o drais cyffredinol, torri hawliau dynol neu drychinebau naturiol neu drychinebau o waith dyn, nad ydynt wedi croesi ffin gwladwriaeth sy'n cael ei chydnabod yn rhyngwladol.
- **Ffoaduriaid** – pobl sy'n ffoi rhag erledigaeth a chyfundrefnau gwleidyddol llym. Mae'r Cenhedloedd Unedig (CU) yn diffinio ffoadur fel 'unigolyn sy'n methu neu'n anfodlon dychwelyd i'w famwlad oherwydd ofn erledigaeth ar sail hil, crefydd, ethnigrwydd, aelodaeth o grŵp cymdeithasol penodol, neu farn wleidyddol'.

- **Pobl heb ddinasyddiaeth** – unrhyw bobl nad oes unrhyw wladwriaeth yn eu hystyried yn wladolion yn ôl deddfwriaeth dinasyddiaeth neu gyfansoddiad y wladwriaeth honno. Roedd 12 miliwn yn 2010.

Mae achosion cyfoes fel pobl o Afghanistan yn ceisio mynd ar lorïau sy'n pasio trwy Dwnnel y Sianel yn dangos pa mor anodd yw gwahaniaethu rhwng y grwpiau hyn. A ydyn nhw'n ffoaduriaid sy'n chwilio am loches neu'n fewnfudwyr anghyfreithlon?

Yn ôl rhagolygon y CU, bydd poblogaeth Ewrop yn gostwng 5% erbyn 2025, a bydd angen dod o hyd i weithlu newydd naill ai trwy gyfradd uwch o gynnydd naturiol neu drwy fudwyr economaidd, ffoaduriaid a cheiswyr lloches. Mae ffoaduriaid wedi bodoli ar hyd yr oesoedd, gan gynnwys:

- Pobl wedi'u dadleoli yn Ewrop ar ôl 1945 – er enghraifft, Almaenwyr ym Moldova.
- Pobl yn symud rhwng India a Pakistan yn 1947 yn sgil annibyniaeth y ddwy wlad.
- 800,000 o bobl y cychod yn ffoi o Viet Nam yn 1975 – mae rhai'n dal i fyw yn Hong Kong.
- Pobl yn ffoi o Somalia yn 2011 oherwydd sychder a rhyfel, ac yn mynd i wersylloedd ffoaduriaid fel Dadaab yn Kenya.
- Pobl yn symud o Afghanistan i Pakistan – y symudiad mwyaf costus mewn perthynas â Cynnyrch Mewnwladol Crynswth (CMC) – 710 o ffoaduriaid ar gyfer pob $ o CMC. Mae 30% o ffoaduriaid y byd yn dod o Afghanistan ac mae 96% ohonynt yn byw yn Pakistan.

Ffoaduriaid

Yn ôl Uchel Gomisiynydd y Cenhedloedd Unedig dros Ffoaduriaid (*UNHCR*), cafodd 43.7 miliwn o bobl eu dadleoli'n orfodol naill ai o ardaloedd eu cartrefi (**pobl sydd wedi'u dadleoli o fewn eu gwlad (*IDPs: internally displaced persons*)**) neu o'u mamwlad. Roedd 15.4 miliwn o ffoaduriaid yn 2010. Mae'r rhan fwyaf o ffoaduriaid yn mynd i'r gwledydd cyfagos ac mae 80% yn y gwledydd sy'n datblygu. Dim ond 15% o ffoaduriaid y byd sy'n byw yn Ewrop. Mae'r rhan fwyaf o ardaloedd brys ffoaduriaid Affrica yr *UNHCR* wedi'u lleoli yn Affrica Is-Sahara, ac roedd 2.2 miliwn yn 2010.

Mae gan Norwy, Sweden, y Ffindir a'r Swistir draddodiad hir o dderbyn ffoaduriaid a cheiswyr lloches sy'n methu aros yn y wlad lle maen nhw'n chwilio am loches. Mae Canada yn ychwanegu erledigaeth ar sail rhyw at ei meini prawf ar gyfer derbyn ffoaduriaid. Mae Ffigur 12 yn dangos prif wledydd gwreiddiol ffoaduriaid, ceiswyr lloches a phobl a oedd wedi'u dadleoli o fewn eu gwlad yn 2010.

Cyngor yr arholwr

Cofiwch ddiffinio pob term a ddefnyddiwch yn y cyflwyniad i'ch traethodau.

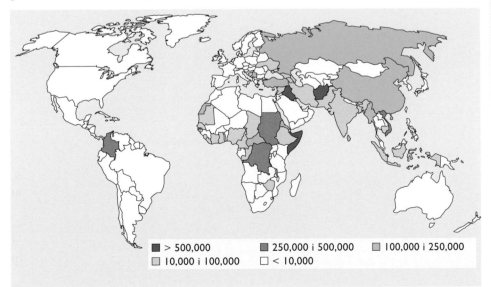

Ffigur 12 Prif wledydd gwreiddiol ffoaduriaid, ceiswyr lloches a phobl a oedd wedi'u dadleoli o fewn eu gwlad, diwedd 2010

- ■ > 500,000
- ■ 250,000 i 500,000
- ■ 100,000 i 250,000
- □ 10,000 i 100,000
- □ < 10,000

Rwanda a Burundi

Yn Rwanda yn 1994, bu'n rhaid i 1.75 miliwn o Hutus ffoi i wledydd cyfagos oherwydd **hil-laddiad** (**genocide**) o leiaf 500,000 o bobl a oedd wedi'u dadleoli'n orfodol yn dilyn rhyfel cartref rhwng y Tutsi a'r Hutu. Wrth i'r Hutus adael, dechreuodd gwrthlif o 700,000 o ffoaduriaid Tutsi. Roedd yr *UNHCR* yn annog pobl i ddychwelyd, a phenderfynodd tua 160,000 o Hutus wneud hynny. Ond oherwydd y gyfradd uchel o enedigaethau ymysg y ffoaduriaid, parhaodd niferoedd ffoaduriaid Rwanda yr un fath. Roeddent yn byw mewn gwersylloedd mawr ger y ffin â Rwanda yng Ngweriniaeth Ddemocrataidd Congo a Tanzania. Yn 2003, bu'n rhaid i'r ffoaduriaid yn Goma symud eto oherwydd echdoriad Mount Nyiragongo.

Dechreuodd gwrthdaro llwythol tebyg rhwng gwahanol lwythau yn Burundi yn 1993, ac roedd y sefyllfa yn waeth oherwydd bod cymaint o Hutus yn gadael Rwanda. Bu'n rhaid i lawer o bobl ddychwelyd neu ffoi i Tanzania. Oherwydd y sefyllfa wleidyddol yn nwyrain Congo, lle'r oedd rhyfel cartref ar ei anterth, gorfododd llywodraeth y Congo 650,000 o ffoaduriaid i ddychwelyd i Rwanda a Burundi. Erbyn 1996, roedd 1.7 miliwn o bobl Rwanda a 200,000 o bobl Burundi yn byw mewn gwersylloedd. Pan ddaeth yr argyfwng i ben yn 1997, dychwelodd 600,000 o bobl o Tanzania a'r Congo ond roedd 215,000 heb gyfrif amdanynt o hyd.

Arweiniodd yr argyfwng at farwolaeth dros filiwn o bobl ac at ddirywiad amgylcheddol o gwmpas gwersylloedd y ffoaduriaid; collodd y gwersylloedd hyn eu coed i gyd. Roedd pob datblygiad wedi'i atal oherwydd rhyfel a phobl yn ffoi. Hyd yn oed yn 2009, roedd llawer o bobl yn dal i fyw mewn tlodi yn y gwersylloedd. Yn 2007, penderfynodd 300,000 o ffoaduriaid ac 1.7 miliwn o *IDPs* ddychwelyd adref, yn bennaf i Burundi a Gweriniaeth Ddemocrataidd Congo.

Ffoaduriaid yn y DU

Yn 2010, dim ond 20% o'r 15.2 miliwn o ffoaduriaid amcangyfrifedig a gyrhaeddodd un o'r gwledydd datblygedig. Yn yr un flwyddyn, derbyniodd y DU 238,150 o ffoaduriaid tra derbyniodd yr Almaen 594,269. Nid y DU sy'n derbyn y nifer mwyaf o ffoaduriaid, ac mae'n ddegfed yn unig yn Ewrop ar gyfer nifer ei ffoaduriaid fel canran o'i phoblogaeth. Mae'n bwysig, felly, eich bod yn cwestiynu cywirdeb datganiadau'r cyfryngau ar ffoaduriaid. Mae'r rhan fwyaf (1 ym mhob 20 yn ôl rhai amcangyfrifon) yn byw yn Llundain. Newham, Enfield, Haringey, Redbridge a Waltham Forest yw'r bwrdeistrefi â'r cyfanswm uchaf (yn cynnwys ceiswyr lloches).

Mewnfudwyr anghyfreithlon

Amcangyfrifir bod 2.6 miliwn o fewnfudwyr anghyfreithlon yng Ngorllewin Ewrop, ac mae'r ffigur hwn yn cynyddu oherwydd y llif o bobl i dde Ewrop yn dilyn chwyldroadau'r 'Gwanwyn Arabaidd' yn 2011. Mae bron pob gwlad yn ceisio tynhau ei rheolau mewnfudo (e.e. Asiantaeth Ffiniau'r DU). Mae hyn yn aml iawn yn sgil ymosodiadau senoffobig, sef bod ag ofn tramorwyr neu bobl ddieithr neu unrhyw beth sy'n estron neu'n wahanol, (gan genedlaetholwyr adain dde) ar ffoaduriaid a 'phobl anghyfreithlon'. Yn 2009, amcangyfrifwyd bod 725,000 o fewnfudwyr anghyfreithlon yn y DU, er bod natur mewnfudo anghyfreithlon yn golygu y gallai'r ffigur amrywio rhwng 524,000 a 947,000. Nid yw'n hawdd dod o hyd i gyrchfannau'r mewnfudwyr anghyfreithlon. Maen nhw'n gwasgaru'n eang ac yn debygol o fynd i leoedd lle mae'r cyfleoedd gwaith anghyfreithlon gorau – e.e. gwaith amaethyddol safon isel fel casglu llysiau, y diwydiant gwestai a swyddi labro. Mae Llundain yn cael ei heffeithio mewn ffordd anghymesur. Yn 2007, amcangyfrifwyd bod 518,000 o fewnfudwyr anghyfreithlon yn byw yn Llundain. Mae 188,00 o fewnfudwyr anghyfreithlon wedi'u hanfon adref (*deported*) ers 1998. Y gost o anfon person adref yn 2010 oedd £150,000.

Cyngor yr arholwr

Mae'r cylchgrawn digidol *The New Londoners* (**www.thenewlondon ers.co.uk**) yn bwrw golwg dda, os braidd yn unllygeidiog, ar deimladau cymunedau mudol yn Llundain.

Lloches

Mae nifer y ceiswyr lloches yn fwy na'r rhai sy'n ymgeisio am statws fel ffoadur bob amser ac mae wedi cynyddu'n raddol ers 1970 pan benderfynodd llawer o wledydd gwtogi ar fewnfudo. Un peth a sbardunodd hyn oedd bod yr Almaen wedi sylweddoli nad oedd gweithwyr gwadd o Dwrci yn debygol o ddychwelyd adref. Yn sgil cwymp Iwgoslafia yn 1992 a'r aflonyddwch sifil yn yr ardal bu cynnydd yn nifer y ceiswyr lloches o Bosna-Hercegovina, Croatia, Serbia a Montenegro. Mae Ffigur 13 yn dangos gwledydd gwreiddiol yr hanner miliwn a mwy o geiswyr lloches byd-eang yn 2010.

Roedd 17,790 o geisiadau am loches yn y DU yn 2010, gostyngiad 13% mewn blwyddyn. O'r ceisiadau hyn, caniatawyd lloches i 17%, rhoddwyd diogelwch dyngarol neu ganiatâd yn ôl i disgresiwn i 8% a gwrthodwyd 75%. Yn yr un flwyddyn, roedd 9,850 o bobl wedi'u halltudio o'r DU neu wedi gadael o'u gwirfodd. Mae Tabl 6 yn rhoi'r DU mewn cyd-destun Ewropeaidd.

Gwirio gwybodaeth 16

Diffiniwch ffoadur a cheisiwr lloches.

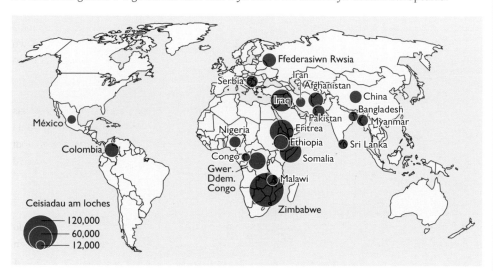

Ffigur 13 Gwledydd gwreiddiol ceiswyr lloches newydd yn 2010

Tabl 6 Ceisiadau am loches yn Ewrop, 2010

Gwlad (safle yn y byd ar gyfer y niferoedd sy'n gwneud cais)	Nifer	Ceiswyr fesul 10,000 o drigolion	Canran a ganiatawyd	Canran y cyfanswm Ewropeaidd (UE)
Ffrainc (2)	47,790	8	23	16.3
Yr Eidal (14)	10,096	2	31	11.7
Yr Almaen (3)	41,350	5	22	10.5
Y DU (6)	22,190	4	24	9.7
Sweden (4)	31,820	34	23	15.2
Groeg	10,270	9	36	7.7
Y Swistir (tu allan i'r UE) (8)	13,500	heb ei bennu	heb ei bennu	
Gwlad Belg (7)	19,940	19	17	6.2
Yr Iseldiroedd (9)	13,350	8	46	5.9
Norwy (tu allan i'r UE) (12)	14,430	heb ei bennu	heb ei bennu	
UE (27)	235,930	5	23	100

Cyngor yr arholwr

Mae canlyniadau gwahanol y ffigurau ar gyfer ceisiadau am loches yn y DU yn 2010, sydd i'w gweld yn Ffigur 13 a Thabl 6, yn dod o ffynonellau cyferbyniol. Byddwch yn ymwybodol o'r posibilrwydd o wybodaeth gyferbyniol mewn ystadegau.

Aeth ceiswyr lloches i 44 o wledydd wedi'u diwydianeiddio. Mae'n bosibl egluro'r patrwm fel hyn:

- Agosrwydd – Yr Eidal i geiswyr o Albania a gogledd Affrica, a Groeg i geiswyr o wledydd y Balcan, Twrci a Kurdistan.
- Parodrwydd i dderbyn – enw da gwledydd Llychlyn am drugaredd a derbyn mudwyr.
- Niwtraliaeth – Y Swistir a Sweden.
- Cyfleoedd gwaith canfyddedig – Yr Almaen, Ffrainc, y DU.
- Cysylltiadau yn sgil gwladychu (*colonialism*) – pobl Zimbabwe yn mynd i'r DU, pobl Gorllewin Affrica yn mynd i Ffrainc.

Rhesymau dros y cynnydd yn nifer y ceiswyr lloches

- Mae pwysau i fudo o'r gwladwriaethau tlotaf yn cynyddu oherwydd cyfuniad o ddirywiad economaidd ac ansefydlogrwydd gwleidyddol (e.e. Zimbabwe, a Libya yn 2011).
- Mae pobl yn gallu dysgu mwy am gyrchfannau a sut i'w cyrraedd trwy ddefnyddio'r cyfryngau newydd.
- Mae cymunedau eisoes yn bodoli mewn cyrchfannau ac efallai byddant yn annog aelodau o'r teulu estynedig i ymuno â nhw. Yr enw am hyn yw **mudo dilynol**.
- Mae'r amrywiaeth o ddulliau teithio yn annog pobl i fentro.
- Mae gangiau sy'n masnachu mewn pobl yn targedu darpar fudwyr ac yn cynnig ffordd i fywyd newydd.
- Mae gwledydd sy'n gyrchfannau yn ei chael hi'n anodd gwahaniaethu rhwng pobl sy'n ffoi oherwydd bod eu bywyd a'u rhyddid mewn perygl, a phobl sy'n ceisio dianc rhag tlodi a gwella eu hansawdd bywyd.

Costau ceiswyr lloches mewn gwledydd sy'n gyrchfannau

Mae costau sy'n gysylltiedig â cheiswyr lloches yn cynnwys:

- tai – derbyniodd 18,000 gymorth tai yn 2010
- gwasanaethau cymdeithasol
- ysgolion – yn 2010 roedd 21% o dan 17 oed
- taliadau lles (noder nad ydynt yn gymwys am y prif fudd-daliadau lles yn y DU)
- rheoli ffiniau'n well wrth y mannau cyrraedd
- costau gwasgaru i'r ardaloedd lle mae tai yn bodoli – Lerpwl, Birmingham, Manceinion a Glasgow yw'r prif ddinasoedd gwasgaru
- plismona gwrthdystiadau yn erbyn y bobl hyn gan eithafwyr adain dde

Mae'n rhaid defnyddio trethi i dalu'r costau hyn, a'r gobaith yw y bydd y rhai sy'n cael cynnig lloches yn dod yn drethdalwyr. Yn aml iawn mae ceiswyr lloches yn awyddus i fyw yn agos at drefi pwysig y wlad, fel y brifddinas, ac nid ydynt eisiau cael eu gwasgaru tra bod y cais yn cael ei brosesu. Mae cyfanswm y costau ar gyfer ceiswyr sy'n cael eu gwrthod yn gallu cyrraedd £50,000 i deuluoedd, sy'n uwch o lawer na chostau teuluoedd sy'n llwyddo i dderbyn lloches (hyd at £12,000).

Ymatebion polisi

(1) Cyfyngu ar geiswyr lloches cyn eu bod yn gadael eu gwledydd trwy bennu gofynion fisa anoddach.

(2) Trefniadau cyn i bobl adael eu gwledydd er mwyn eu hatal rhag teithio oni bai bod ganddynt docyn dychwelyd.

(3) Defnyddio rhwystrau corfforol i atal pobl rhag croesi'n anghyfreithlon, e.e. Twnnel y Sianel.

(4) Gweithdrefnau ffordd gyflym ar gyfer achosion dilys.

(5) Derbyn pobl â sgiliau, gan ddefnyddio system bwyntiau yn aml.

(6) Cynnal polisïau trydydd gwledydd fel yn yr Almaen, lle mae pobl sy'n cyrraedd yr UE ym Mwlgaria, y Weriniaeth Tsiec a Gwlad Pwyl ac yn bwriadu mynd ymlaen i'r Almaen yn dod o dan reolaeth yr Almaen yn syth.

(7) Diogelu pobl dros dro cyn eu dychwelyd i'w mamwlad pan ddaw'r argyfwng i ben – defnyddiwyd y system hon ar gyfer y Bosniaid yn 1996-97.

(8) Polisïau sefydliadau anllywodraethol sy'n cynorthwyo llywodraethau'r gwledydd gwreiddiol a'r gwledydd sy'n gyrchfannau i fynd i'r afael â'r rhesymau sylfaenol dros dlodi.

Pobl heb ddinasyddiaeth a glanhau ethnig

Mae Datganiad Cyffredinol o Hawliau Dynol y CU yn datgan bod gan bawb yr hawl i genedligrwydd, ond mae Uchel Gomisiynydd y Cenhedloedd Unedig dros Ffoaduriaid (*UNHCR*) yn amcangyfrif bod 12 miliwn o bobl ledled y byd heb ddinasyddiaeth a heb yr hawl i gartref a gwaith. Y grŵp mwyaf yn Ewrop yw'r boblogaeth Sipsi Roma: mae 12 miliwn yn Ewrop (1.8 miliwn yn România a 700,000 ym Mwlgaria). Maen nhw'n byw mewn getos mewn rhai dinasoedd ac mae eu disgwyliad oes 15 mlynedd yn llai ar gyfartaledd na phobl frodorol y wlad. Yn 2004, daeth 1 miliwn ohonynt yn ddinasyddion yr UE, sy'n golygu nad ydynt bellach heb ddinasyddiaeth yn dechnegol.

Yn sgil chwalu'r hen Iwgoslafia, cyhoeddwyd bod rhai grwpiau yn bobl heb ddinasyddiaeth am resymau gwleidyddol a chenedlaetholgar (e.e. Serbiaid yng Nghroatia a Macedonia). Mae hyn wedi arwain at **lanhau ethnig** – pobl yn symud dan orfodaeth ac o'u gwirfodd i wladwriaethau sydd yr un fath yn ddiwylliannol (sydd â'r un grefydd a/neu iaith).

Mae achosion eraill o bobl heb ddinasyddiaeth yn cynnwys 3 miliwn o Balesteiniaid yn Gasa a'r Lan Orllewinol, a Mwslimiaid Myanmar.

1.5 Strwythurau rhyw newidiol

Term generig yw rhyw sy'n cyfeirio at ddynion a merched. Mae gan swyddogaeth merched yn y gymdeithas achosion ac effeithiau demograffig, economaidd, amgylcheddol a chymdeithasol, gan gynnwys agweddau at waith a magu plant, agweddau at blant sy'n ferched, ac agweddau at fudo. Mae diffyg cydbwysedd wedi bod yn y swyddogaethau rhyw am resymau hanesyddol. Roedd llai o waith i ferched yng ngogledd-ddwyrain Lloegr yn y gorffennol oherwydd mai'r pyllau glo a'r diwydiant adeiladu llongau oedd y prif gyflogwyr. Mewn cyferbyniad, roedd gan Swydd Gaerhirfryn draddodiad o gyflogi merched yn y diwydiant tecstilau. Nid yw'r gwahaniaethau hyn mor amlwg yn yr unfed ganrif ar hugain.

Rhyw a thrawsnewid demograffig

Yng ngwledydd Cyfnod 2, mae merched yn cael eu hystyried fel mamau ar gyfer plant oherwydd bod cyfraddau marwolaethau babanod a phlant yn uchel. Mewn llawer o wledydd Affrica Is-Sahara, merched sy'n gyfrifol am y gwaith coginio a'r gwaith llafur amaethyddol. Yn Guiné Bissau, merched sy'n mynd i gasglu 90% o'r dŵr. Mae merched yn gyfrifol am 60-80% o'r holl waith llafur amaethyddol yng ngwledydd Affrica Is-Sahara. Mae eraill yn gweithio yn yr economi anffurfiol sydd heb ei rheoleiddio ac yn ennill cyflogau isel. Mae merched yn fwy tebygol o fod yn anllythrennog oherwydd diffyg cyfle i gael addysg. Mae yna gymdeithasau o **linach y fam** lle mae merched yn cael blaenoriaeth a lle mae eiddo yn pasio o'r fam i'r ferch. Un enghraifft o hyn yw pobl Minangkabau yn Sumatera, Indonesia, sy'n wlad Cyfnod 3.

Cyngor yr arholwr

Mae'n bosibl byddwch wedi gweld yr acronym Cymraeg GND, sef gwlad newydd ei diwydianeiddio, yn cael ei ddefnyddio am *NIC* mewn cyhoeddiadau eraill ac mewn papurau arholiad.

Mae llawer o wledydd Cyfnod 3 yn defnyddio merched fel llafur rhad. Yn Asia, mae hyd at 50% o ferched yn gwneud gwaith llafur amaethyddol ac mewn rhai gwledydd newydd eu diwydianeiddio (*NICs*), fel Gwlad Thai, nhw sy'n cael eu defnyddio fel llafur rhad yn y diwydiant prosesu bwyd ac mewn diwydiannau eraill. Mae'r trawsnewid demograffig wedi arwain yn anuniongyrchol at fwy o ferched yn cael addysg.

Yn y gwledydd LlEDd, mae'n bosibl na fydd merched yn cael addysg ac na fydd ganddynt hawliau llawn a chyfreithiol fel dinasyddion. Mae rhai'n dibynnu ar blant am statws a diogelwch. Mae polisïau i wella hawliau merched yn cynnwys:

- Rhoi addysg dda i ferched er mwyn ceisio rhoi grym iddynt y tu allan i'r cartref (Ffigur 14). Nid oes gan lawer o ferched fynediad cyfartal i addysg, yn enwedig yn Affrica, ac mae angen darparu addysg uwchradd yn y gwledydd hynny.
- Darparu swyddi neu gyfleoedd i sefydlu busnesau bach.
- Lleihau effaith cymdeithasau patriarchaidd lle mae plant yn cael eu hystyried yn ddatganiad o wrywdod.
- Clinigau iechyd atgenhedlu i helpu merched i werthfawrogi eu bywydau.
- Pwyslais ar atal cenhedlu ar gyfer dynion a merched.
- Gwneud yn siŵr bod arweinwyr llwythau yn hybu cyfradd genedigaethau is.
- Normaleiddio'r gymhareb ryw fiolegol, sy'n 102-106 merch am bob 100 bachgen adeg geni. Yn China mae'n 120:100, yn Armenia mae'n 115 ac yn India mae'n 108.

Cyngor yr arholwr

Wrth drafod materion rhyw, dylech gyfeirio at fwy na dim ond polisi un plentyn China a lladd babanod sy'n ferched yn India.

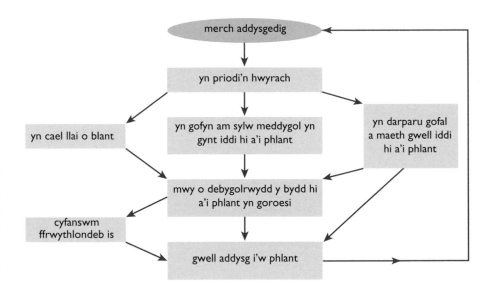

Ffigur 14 Effeithiau demograffig posibl o addysgu merched

Sefydlwyd Merched y CU, Endid y Cenhedloedd Unedig dros Gydraddoldeb Rhywiol a Grymuso Merched yn 2010. Roedd yn ddatblygiad o'r mudiad *UNIFEM* (*United Nations Development Fund for Women*), Cronfa Datblygu Merched y Cenhedloedd Unedig a sefydlwyd yn 1976. Mae'n helpu i roi grym i ferched trwy gydraddoldeb rhywiol ac mae wedi canolbwyntio ar swyddogaeth merched o ran lledaenu AIDS yn India. Ar hyn o bryd, merched yw 53% o'r rhai rhwng 15 a 24 oed sydd â'r firws AIDS ledled y byd. Mae brwydro yn erbyn y pandemig AIDS yn fater i'r ddau ryw oherwydd ei fod yn effeithio ar ddynion a merched.

Mae Targed 1B o Gyrchnodau Datblygu'r Mileniwm yn mynd i'r afael â materion merched ac yn awyddus i ddarparu cyflogaeth lawn a chynhyrchiol a gwaith gweddus i bawb. Gan ei fod yn mynd i'r afael â newyn a'r 50% o bobl sy'n byw ar lai nag $1 UDA y dydd, mae hefyd yn ymwneud ag anghenion merched. Yn 2011, gwnaeth 'Merched y CU' gyfaddef nad oedd Targed 1B yn debygol o gael ei gyrraedd erbyn 2015.

Mae Cyfnod 3 yn parhau i adlewyrchu byd sy'n cael ei reoli gan ddynion. Mae diwydianeiddio a threfoli diwydiannol yn creu swyddi sy'n cael eu dominyddu gan ddynion. Mae datblygiadau cludiant fel y rheilffyrdd a'r tramiau yn rhoi cyfleoedd i ddynion deithio i'r gwaith o'r maestrefi. Fodd bynnag, llwyddodd y diwydiant tecstilau i ddarparu cyfleoedd i ferched. Yn sgil y ddau ryfel byd cafwyd newid agwedd tuag at ferched yn y gweithle. Yn sydyn, roedd angen merched i weithio yn y ffatrïoedd (yn enwedig y ffatrïoedd arfau rhyfel), yn y sector gwasanaethau (e.e. tocynwyr bysiau) ac ym maes amaethyddiaeth (Byddin y Tir yn yr Ail Ryfel Byd).

Mae UDA yn enghraifft dda o wlad yng Nghyfnod 4 y trawsnewid demograffig. Yn 2010, roedd 72 miliwn o ferched UDA yn gweithio, sef 49.9% o'r gweithlu. Roeddent yn gweithio yn y meysydd canlynol:

- 40% mewn swyddi rheoli a phroffesiynol
- 32% mewn swyddi gwerthu a swyddfa
- 21% mewn swyddi yn y sectorau gwasanaethau eraill
- 5% ym maes diwydiant a chludiant
- 1% mewn swyddi yn ymwneud ag adnoddau

Roedd amrywiadau hiliol yn amlwg ym maes cyflogaeth merched: roedd 41% o ferched gwyn a 47% o ferched Asiaidd yn gweithio yn y maes rheoli a phroffesiynol, a 32% o ferched Affro-Caribïaidd a 33% o ferched Sbaenig yn gweithio ym maes gwerthu ac mewn swyddfeydd. Mae'r math o swydd hefyd yn adlewyrchu elfen o ragfarn ar sail rhyw. Y 10 swydd bwysicaf oedd: adwerthu (3.5 miliwn), nyrsio, gan gynnwys seiciatrig a chymorth cartref (2.6 miliwn); ysgrifenyddol a chynorthwywyr gweinyddol (3 miliwn); athrawon ysgol (2.3 miliwn); arianwyr (2.2 miliwn); gweinyddesau (1.4 miliwn); morynion a gwragedd cadw tŷ (1.2 miliwn); gwasanaethau cwsmeriaid (1.2 miliwn); gofal plant (1.2 miliwn).

Cyfleoedd addysgol sy'n rhannol gyfrifol am wella swyddogaeth merched. Mae gan un o bob tri o'r ddau ryw gymwysterau lefel gradd.

Mae'n anodd cysylltu Cyfnod 5 â datblygiad o ran rhyw oherwydd nad yw gwledydd lle mae'r boblogaeth yn dirywio, fel yr Eidal, yn uchel yn y Mynegrif Datblygiad Dynol (Tabl 7). Mae gan wledydd Cyfnod 5 gyfradd genedigaethau isel, mae mwy o barch i ryddid merched yn y gwledydd hynny ac mae atal cenhedlu'n fwy cyffredin. Mae'r elfennau hyn ynghyd â chael plant yn hŷn, cael teuluoedd bach a phartneriaeth rhwng pobl o'r un rhyw yn nodweddiadol o'r cyfnod hwn. Yng Nghyfnodau 4 a 5 mae merched yn byw yn hirach ac mae mwy o ferched na dynion yn perthyn i'r grwpiau oedran hŷn. Mae colledion rhyfel yn effeithio ar y cydbwysedd rhwng dynion a merched, fel yn yr Almaen ar ôl y ddau Ryfel Byd. Mae **nenfydau gwydr** sy'n rhwystro merched rhag cael cyfle cyfartal wrth ymgeisio am y swyddi gorau yn dal i fodoli, hyd yn oed yn y cymdeithasau mwyaf cyfartal o ran y rhywiau. Fodd bynnag, mae nifer y merched sy'n gweithio yn cynyddu yn Ewrop (Ffigur 15).

Mae Rhaglen Ddatblygu'r Cenhedloedd Unedig yn defnyddio'r Mynegai Anghydraddoldeb Ar Sail Rhyw (*GII: Gender Inequality Index*) i fesur anghydraddoldeb rhywiol. Mae'r *GII* yn seiliedig ar ddangosyddion: merched yn y gweithlu, cyrhaeddiad addysgol merched, merched yn y senedd,

Gwirio gwybodaeth 18

Ym mha sectorau o'r economi mae'r rhan fwyaf o ferched yn gweithio yn y gwledydd yng Nghyfnod 4?

ffrwythlondeb pobl ifanc a marwolaethau ymysg mamau, lle mae 0.0 yn nodi cydraddoldeb a 0.99 yn nodi anghydraddoldeb llwyr. Mae'r dosbarthiad wedi'i gymhwyso i Fynegrif Datblygiad Dynol (MDD) 2010 yn Nhabl 7. Mae'r MDD yn defnyddio dimensiynau: (i) bywyd hir ac iach yn ôl disgwyliad oes dynion a merched; (ii) gwybodaeth yn ôl cyfraddau llythrennedd oedolion; a (iii) safon byw weddus yn ôl incwm gwaith amcangyfrifedig.

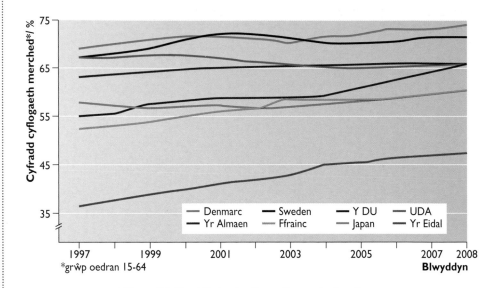

Ffigur 15 Newidiadau i gyflogaeth merched yn Ewrop

Rhyw a mudo

Mae mudo yn effeithio ar gydbwysedd rhwng y rhywiau yn y gwledydd gwreiddiol a'r gwledydd sy'n gyrchfannau. Am bob 2.5 dyn Mecsicanaidd sy'n mynd i UDA, dim ond 1 ferch sy'n gwneud yr un daith. Beth yw'r effaith ar y gwledydd gwreiddiol?

Tabl 7 Data gwledydd penodol ar gyfer Mynegai Anghydraddoldeb Ar Sail Rhyw (*GII*)

Safle Mynegrif Datblygiad Dynol 2010	Safle (a gwerth) *GII* 2011	Disgwyliad oes adeg geni mewn blynyddoedd, 2005-2010		Cyfradd llythrennedd oedolion (15 +) (%), 2009-2011		Cyfradd marwolaethau mamol fesul 100,000 o enedigaethau byw 2008
Datblygiad dynol uchel iawn		**Merched**	**Dynion**	**Merched**	**Dynion**	
I Norwy	6 (0.075)	82.5	77.8	100	100	8
4 UDA	47 (0.299)	80.4	75.2	100	100	24
7 Yr Iseldiroedd	2 (0.052)	81.9	77.5	100	100	9
13 Y Swistir	4 (0.067)	84.2	79.0	100	100	10
23 Yr Eidal	15 (0.124)	83.5	77.5	99	99	5
26 Y DU	34 (0.209)	81.6	77.2	100	100	12

Gwirio gwybodaeth 19
Defnyddiwch Dabl 7 i drafod y gwahaniaethau rhwng cyfleoedd i ddynion a merched.

Datblygiad dynol uchel						
51 Cuba	58 (0.337)	76.2	80.4	100	100	53
56 Saudi Arabia	135 (0.646)	75.3	70.9	81	90	24
68 Kazakstan	56 (0.334)	72.4	61.6	100	100	45
73 Venezuela	78 (0.447)	76.8	70.9	95	95	68
Datblygiad dynol canolig						
101 China	35 (0.209)	74.8	71.3	91	97	38
123 De Affrica	94 (0.490)	49.7	48.8	87	91	410
134 India	129 (0.617)	66.4	63.2	51	75	230
Datblygiad dynol isel						
125 Pakistan	112 (0.721)	65.8	65.2	40	69	260
154 Yemen	146 (0.769) (safle isaf)	64.3	61.1	72	96	210
161 Uganda	116 (0.662)	52.2	50.2	62	81	430
173 Zimbabwe	118 (0.583)	42.6	44.1	89	95	790
175 Mali	143 (0.712)	56.1	52.1	18	35	830
180 Sierra Leone	137 (0.756)	44.1	41.0	30	53	970
185 Burundi	89 (0.478)	51.0	48.1	61	73	970
187 Gweriniaeth Ddemocrataidd Congo (safle isaf)	142 (0.710)	47.7	45.2	57	77	670

(ar ôl Adroddiadau Datblygiad Dynol Rhaglen Ddatblygu'r Cenhedloedd Unedig 2007-2010)

Clystyrau rhyw

Yn y 1920au, datblygodd Park a Burgess ddamcaniaeth a oedd yn nodi **rhanbarthau moesol**, sef yr ardaloedd o buteindra a drygioni yn Chicago. Gall 'pentrefi' o bobl hoyw ddatblygu – er enghraifft, ardal Castro yn San Francisco yw'r ardal ar gyfer dynion hoyw. Mae puteindra ymysg dynion yn gyffredin ar Polk Street, a phuteindra ymysg merched yn gyffredin yn Mission ac ar 18th Street. Valencia Street sy'n gartref i'r gymuned lesbiaidd.

Mae Canal Street ym Manceinion yn gysylltiedig â'r gymuned hoyw fel ardal adloniadol (*recreational*) yn hytrach na fel lle i fyw.

Mae rhai ardaloedd mewn dinasoedd yn cynnwys mwy o aelodau o un rhyw na'r llall. Mae natur y farchnad dai a'r math o gartrefi sydd ar gael yn galluogi merched sengl i brynu tai mewn ardaloedd penodol. Mae Central Southsea yn enghraifft o ward lle mae'r mwyafrif o dai yn gartref i ferched sengl 20-39 oed. Mae mwy o ferched nag o ddynion yn byw mewn trefi prifysgol yn aml: mae 57% o fyfyrwyr UDA yn ferched. Mae merched sy'n gweithio yn y mwyafrif yng Ngwynedd, Sir Benfro ac Ynys Môn ond maen nhw'n lleiafrif sylweddol yn Tower Hamlets (40%) a Southwark (43%).

Cyngor yr arholwr

Dylech geisio dyfynnu'r ffigurau ar gyfer un wlad o bob un o'r pedair colofn rhyw yn Nhabl 7 i egluro pwyntiau yn ymwneud â gwahaniaethau rhwng y ddau ryw.

Gwirio gwybodaeth 20

A oes rhanbarthau moesol yn ninasoedd y DU?

Cyngor yr arholwr

Dewch o hyd i enghreifftiau eraill o bentrefi hoyw a'u lleoliad mewn ardal drefol. Pam eu bod wedi'u lleoli yno?

Gwirio gwybodaeth 21

Allwch chi egluro pam mae merched yn amlwg iawn mewn rhai swyddi ond nid mewn eraill?

Cyngor yr arholwr

Agweddau allweddol rhyw yw bod swyddogaethau merched yn newid wrth i wledydd ddatblygu, a bod trawsnewid demograffig a mudo yn effeithio ar gydbwysedd rhwng y rhywiau, yn y gwledydd gwreiddiol a'r cyrchfannau.

1.6 Beth yw'r sialensiau demograffig sy'n wynebu gwledydd?

Effeithiau a materion mewn gwledydd MEDd

Yn 1901 yn y DU, y disgwyliad oes i ddynion oedd 45 a 49 i ferched. Erbyn 2001, roedd wedi codi i 75 i ddynion ac 80 i ferched. Yn 2009, gallai merched 65 oed ddisgwyl byw am 20.2 o flynyddoedd pellach, a gallai dynion o'r un oed ddisgwyl byw am 17.6 o flynyddoedd pellach. Yn 1998, am y tro cyntaf erioed, roedd mwy o bobl dros 60 oed na phobl o dan 16 oed. Mae'r gyfran o bobl oedrannus yn y DU yn cynyddu'n gyflymach nag yng ngweddill Ewrop.

1 Cymdeithas sy'n heneiddio

Yn 2010, roedd 17% o boblogaeth y DU dros 65 oed; roedd 2.3% o'r boblogaeth dros 85 oed ac erbyn 2035 amcangyfrifir y bydd 23% dros 65 oed. Ar ôl i chi ymddeol byddwch chi'n un o'r 29% o bobl dros 65 oed. Mae mwy o ferched na dynion oedrannus – y gymhareb yw 2 ferch am bob dyn 89 oed. Mae plant y *baby boom* a gafodd eu geni ar ôl cyfnod 1945 wedi ymddeol erbyn hyn. Yn aml, mae'r henoed yn mudo wrth gyrraedd oedran ymddeol neu ychydig cyn hynny – **mudo adeg ymddeol**. Gallan nhw wneud hynny trwy **symud i dŷ llai**, neu symud i fyw i un o ardaloedd y DU sy'n denu pobl sydd wedi ymddeol, fel de-orllewin Lloegr. Mae mwy o bobl yn symud dramor i ymddeol, ond mae'n bosibl y bydd effeithiau gwasgfa gredyd 2008-09 ar bensiynau preifat yn arafu'r broses hon. Bydd rhai clystyrau o bobl hŷn yn parhau yn y ddinas fewnol oherwydd eu bod ar incwm isel ac yn dibynnu ar wasanaethau cymdeithasol a chredydau pensiwn. Mae'r ffaith fod pobl ifanc wedi gadael ardaloedd fel canolbarth Cymru hefyd wedi arwain at fwy o bobl oedrannus yn byw yno. **Mudwyr yn dychwelyd** sy'n gyfrifol am rai clystyrau o bobl oedrannus, wrth i'r rhai a wnaeth adael i weithio yn y dinasoedd 40 mlynedd yn ôl ddychwelyd i'w gwreiddiau.

Mae cymdeithas sy'n heneiddio yn cael sawl effaith ar bolisïau:
- Addasu adeiladau mawr i greu cartrefi nyrsio a chartrefi gofal. Gall cyfleusterau sydd wedi'u hadeiladu'n bwrpasol gael eu datblygu hefyd. Fodd bynnag, mae rhai awdurdodau lleol yn ceisio cyfyngu ar adeiladau'n cael eu haddasu i fod yn gartrefi gofal, e.e. Bournemouth.
- Mae cwmnïau wedi'u sefydlu i gwrdd â'r angen am dai i'r henoed, e.e. McCarthy & Stone.
- Polisïau i gyflogi'r henoed, e.e. B&Q.
- Pwysigrwydd ennill y 'bleidlais lwyd', sy'n dylanwadu ar bolisïau cyfraith a threfn er enghraifft.
- Codi'r oedran ymddeol – mae llywodraeth y DU eisoes wedi codi'r oedran ymddeol i ferched i 65 o 2018, i 66 oed i bawb yn 2020 ac i 68 oed maes o law yn 2044 (h.y. i bawb a gafodd eu geni ar ôl 1976). Yn 2010, cododd yr oedran ymddeol ar gyfer pensiynau preifat o 50 i 55.
- Mwy o gyfleusterau hamdden, e.e. gwyliau Saga.
- Mwy o fusnesau'n canolbwyntio ar yr henoed, e.e. yswiriant *RIAS* ar gyfer pobl dros 50 oed.
- Pwysau ar wasanaethau iechyd, yn amrywio o wasanaethau gofal i welyau geriatrig mewn ysbytai.
- Newidiadau i'r economi a siopau lleol i ddarparu ar gyfer poblogaeth oedrannus sy'n gwario'r hyn a elwir yn 'bunt lwyd'.
- Twf darpariaeth addysgol newydd, e.e. Prifysgol y Drydedd Oes.

Cyngor yr arholwr
Chwiliwch am ddata ar boblogaeth yr henoed mewn gwledydd eraill. Bydd enghraifft o wlad ar wahân i'r DU yn creu argraff.

Ar y llaw arall:

- Bydd llai o bobl yn symud i'r byd gwaith.
- Mae'n bosibl y bydd llai o alw am athrawon ac ysgolion mewn ardaloedd lle mae'r gyfradd genedigaethau yn isel.
- Bydd llai o bobl yn gweithio i gynnal yr henoed dibynnol.

Polisïau i leddfu'r sialensiau demograffig

Polisïau ehangu

- Gwneud erthylu'n anghyfreithlon, e.e. Chile.
- Cefnogi mamau sy'n gweithio, e.e. Ffrainc.
- Gwella gofal iechyd, e.e. y DU.
- Cyfyngu ar wasanaethau atal cenhedlu, e.e. Iwerddon a Ghana.
- Rhoi mwy o lwfans teulu i'r rhai â mwy o blant, e.e. Ffrainc heddiw ac UGSS yn yr ugeinfed ganrif.
- Cyfyngu ar swyddogaeth merched yn y gymdeithas, e.e. Saudi Arabia ac Yemen.

Polisïau rheoli

- Hyrwyddo atal cenhedlu, e.e. Singapore.
- Addysg iechyd mewn ysgolion, e.e. Yr Iseldiroedd.
- Rheoli maint teuluoedd trwy reoli nifer y genedigaethau i bob teulu, e.e. polisi un plentyn China (sydd wedi'i ddileu yn nhalaith Guangdong erbyn hyn).
- Caniatáu erthylu, e.e. mae 2.7 miliwn o erthyliadau yn Rwsia bob blwyddyn.
- Annog sterileiddio trwy gynnig cymhellion fel setiau teledu a cheir i ddynion, e.e. India.

2 Singapore, twf mewn gofod cyfyngedig

Roedd tiriogaeth Singapore yn gartref i dros 5 miliwn o bobl yn 2010. Nid oedd gan y wlad unrhyw adnoddau naturiol ar wahân i allu ei 3.7 miliwn o drigolion. Polisi Singapore yw annog rhieni i gael un plentyn yn unig. Er mwyn creu'r cyfoeth sydd ei angen i gefnogi'r twf yn y boblogaeth a gwella safonau byw, mae'r wladwriaeth wedi buddsoddi mewn uwch-dechnoleg ac wedi creu canolfan ariannol ar gyfer y rhanbarth. Mae wedi adeiladu parc gwyddoniaeth a chanolfan gynhadledd fawr.

Mae Singapore yn annog gweithwyr llafur crefftus i fewnfudo o Ewrop a gweithwyr llafur di-grefft o wledydd cyfagos er mwyn ychwanegu at y gweithlu lleol a gwella proffidioldeb y sector gwasanaethau. Yn sgil y gweithgareddau hyn daw mwy o arian i mewn i adeiladu trefi newydd, e.e. Tampines, er mwyn creu cartrefi i'r boblogaeth. Yn fwy diweddar, mae'r wladwriaeth wedi noddi buddsoddiadau diwydiannol dramor ar Ynysoedd Riau yn Indonesia ac ym Malaysia (Johor) a China. Mae hyn wedi digwydd er mwyn gwneud elw trwy fod yn bencadlys rhanbarthol ar gyfer llinellau cydosod tramor. Mae gweithgareddau sgiliau isel sy'n creu llai o elw wedi'u hadleoli y tu allan i'r wlad gan wneud lle i weithgareddau proffidiol sgiliau uchel yn Singapore.

Mae llywodraeth Singapore wedi buddsoddi'n helaeth mewn addysg ac wedi annog ei system addysg i fuddsoddi dramor. Mae wedi datblygu cwmni hedfan byd-eang (Cwmni Hedfan Singapore) er mwyn sicrhau enillion tramor. Mae'r holl ymdrechion hyn yn seiliedig ar gynlluniau cadarn y wladwriaeth dros gyfnodau o 5 mlynedd. O ganlyniad, mae Singapore wedi datblygu sylfaen o adnoddau i gefnogi a chynnal twf cymedrol yn y boblogaeth.

Gwirio gwybodaeth 22

Beth yw ystyr 'mudo adeg ymddeol'?

Cyngor yr arholwr

Cofiwch ddyfynnu ffigurau i gefnogi datganiadau. Dylech ddysgu'r data i'r pwynt canrannol agosaf.

Gwirio gwybodaeth 23

Pa fath o swyddi yw'r rhai ar linell gydosod?

3 India: ymdopi â thwf

Roedd 17% o boblogaeth y byd yn byw yn India yn 2011, a'r disgwyl yw y bydd y wlad yn cymryd lle China fel cenedl fwyaf poblog y byd erbyn 2030. Mae cyfradd genedigaethau India wedi syrthio'n sylweddol o 5.7 plentyn i bob merch yn 1965 i 2.7 yn 2010 (neu 23/000). Mae bron un o bob tri o boblogaeth India wedi gostwng eu ffrwythlondeb i lefelau adnewyddu. Ar yr un pryd mae'r gyfradd marwolaeth wedi gostwng o 23/000 i 7/000. Yn 2001, roedd 34% o'r boblogaeth yn byw o dan y **llinell dlodi** (yn cael 2,400 o galorïau'r dydd mewn ardaloedd gwledig a 2,100 mewn ardaloedd trefol). Dim ond 10% o bobl Kerala sy'n byw mewn tlodi tra bod y canran dros 50% yn Bihar a Rajasthan.

Mae cynllunio teulu (**lles teulu** erbyn hyn) yn ogystal â sterileiddio (cafodd 8.3 miliwn o bobl eu sterileiddio yn 1976 pan oedd yr arfer yn ei anterth) yn cael eu hannog, ond mae rhai o'r farn fod sterileiddio yn rhywiaethol oherwydd ei fod yn canolbwyntio ar ferched. Mae 37% o ferched wedi dewis sterileiddiad, a dim ond 6% o atal cenhedlu sy'n deillio o ddulliau ar gyfer dynion. Mae erthylu yn gyfreithlon ers 1972. Yn ogystal, mae **ffetysladdiad,** erthylu ffetysau merched, wedi bod yn gyffredin ymysg y grwpiau cymdeithasol canol ac uwch mewn ardaloedd mwy cyfoethog fel Delhi oherwydd materion gwaddol (*dowry*), ac mewn ardaloedd tlotach fel Rajasthan. O ganlyniad, mae **anghydbwysedd rhwng y rhywiau** yn India, beth bynnag yw'r polisïau poblogaeth. Dylai addysg, yn enwedig addysg i ferched (roedd 35% o ferched ac 18% o ddynion yn anllythrennog yn 2011), helpu i leihau'r gyfradd genedigaethau.

Roedd polisïau eraill yn canolbwyntio ar fwydo plant ysgol (mae 43% o blant 5 oed o dan eu pwysau), ac adeiladu tai gwledig i godi safonau byw. Cafodd pedair gwaith yn fwy o rawn ei gynhyrchu tua diwedd yr ugeinfed ganrif diolch i'r **chwyldro gwyrdd**. Cafodd marwolaethau babanod ei haneru i 30/000 genedigaeth fyw yn 2011 diolch i ddarpariaeth iechyd well.

Gwirio gwybodaeth 24
Beth yw'r anghydbwysedd rhwng y rhywiau yn India?

Mae India yn datblygu ei sector gweithgynhyrchu a gwasanaethau (canolfannau galwadau a thai meddalwedd cyfrifiadurol) er mwyn gwella ei sylfaen adnoddau a rheoli'r twf yn y boblogaeth. Mae traean o boblogaeth India wedi gostwng eu ffrwythlondeb i lefelau adnewyddu. Mae'r dasg yn anodd os yw'r penderfyniad i fewnforio grawnfwydydd yn 2009 a'r gwaharddiad ar lawer o allforion bwyd yn arwydd o'r galw am fwyd ymysg y boblogaeth sy'n tyfu.

4 Botswana: effaith AIDS

Gwlad fach, dirgaeedig (*landlocked*) lled-ddiffaith yw Botswana. Roedd ganddi boblogaeth o 1.9 miliwn yn 2010. Cyfradd marwolaethau mamol Botswana yw 190 fesul 100,000 o enedigaethau byw. Y gyfradd marwolaethau babanod yw 48/1,000 ac mae 40 meddyg am bob 100,000 o drigolion. Mae 33% o'r boblogaeth o dan 15 oed. Byddai poblogaeth Botswana yn tyfu'n gyflymach oni bai am effaith HIV/AIDS. Mae'r disgwyliad oes yn 55 oed oherwydd marwolaethau sy'n gysylltiedig ag AIDS. Mae 18.9% o ddynion a 28.9% o ferched rhwng 15 a 49 oed wedi'u heintio â HIV. Mae cysylltiad agos rhwng tlodi â'r clefyd HIV oherwydd diffyg addysg a gwybodaeth y dioddefwyr a phrinder gofal iechyd. Mae merched tlawd sy'n byw mewn cymdeithasau sy'n goddef rhyw y tu allan i briodas a phartneriaid lluosog mewn mwy o berygl o gael eu heintio. Amcangyfrifir bod hyn wedi arwain at 170,000 o blant amddifad o dan 17 oed.

Cyngor yr arholwr
Dylech wneud yn siŵr eich bod yn gwybod lleoliad y gwledydd hyn yn y byd.

5 Uganda

Yn 2010, roedd 33.8 miliwn o bobl yn byw yn Uganda, ac roedd 49% ohonynt o dan 15 oed. Mae'r twf wedi arafu i 3.4% ar hyn o bryd. Y gyfradd marwolaethau mamol yw 5.1/000 genedigaeth fyw.

Mae'r gyfradd marwolaethau ar gyfer plant o dan 5 oed yn amrywio o 105 i 194/000 gan ddibynnu ar incwm y teulu. Mae 38% o'r boblogaeth yn anllythrennog ac mae 8 meddyg am bob 100,000 o drigolion. Mae HIV/AIDS wedi cael effaith debyg i'r effaith ym Motswana, ond mae wedi lleihau'n sylweddol i 4.3% ar gyfer dynion a 6.6% ar gyfer merched 15-49 oed. Ni fydd agweddau yn newid dros nos. Mae ymgyrchoedd wedi dechrau yn erbyn ymddygiad peryglus, gan roi grym i gymunedau trwy waith gan gyrff anllywodraethol, addysgu cyflogwyr i roi cymorth a gwella mynediad i ofal iechyd. Oherwydd llwyddiant y mesurau hyn dros y degawd diwethaf, dim ond 8.3% o oedolion sydd â HIV erbyn heddiw. O ganlyniad, mae'r boblogaeth yn parhau i gynyddu'n gyflym oherwydd gwell camau i **'reoli marwolaeth'**.

6 Gwlad Thai: polisi cymunedol

Yn 1969, roedd merched yn cael 6.5 o blant ar gyfartaledd a dim ond 16% oedd yn defnyddio dulliau atal cenhedlu. Roedd y boblogaeth yn tyfu 3% y flwyddyn. Mewn ymateb, cyflwynwyd rhaglen cynllunio teulu ledled y wlad a oedd yn cynnwys gwasanaethau atal cenhedlu di-dâl, arbenigwyr cynllunio teulu wedi'u hyfforddi ac ymgyrchoedd gan y llywodraeth, yn enwedig mewn cymunedau gwledig. Erbyn 2010, roedd 72% o ferched priod yn defnyddio dulliau atal cenhedlu, roedd merched yn cael 1.8 o blant ar gyfartaledd ac roedd y boblogaeth yn tyfu 0.6% y flwyddyn. Bydd y boblogaeth o 68.1 miliwn yn parhau i gynyddu, ond mae'r cynnydd yn arafach oherwydd polisi cymunedol llwyddiannus yn hytrach na pholisi o orfodaeth.

Gwirio gwybodaeth 25

Beth yw ystyr 'rheoli marwolaeth' i ddemograffwyr?

Crynodeb

- Elfennau sylfaenol y system boblogaeth yw cynnydd naturiol a mudo, sy'n arwain at newid demograffig.
- Mae'n bosibl mapio a thablu'r newidiadau hyn.
- Dylai newidiadau dros amser yn y boblogaeth gael eu cefnogi gan ddata real fel y data yn Nhabl 1. Mae newid naturiol yn y boblogaeth wedi'i egluro gan sawl damcaniaeth a model o newid.
- Nid oes cytundeb ynglŷn ag effeithiau'r newid ar bobl a'r amgylchedd, ac mae rhagolygon demograffig yn amrywio o'r pesimistaidd i'r mwy optimistaidd. Mae sawl math o fudo gwahanol, ac mae gan bob un achosion a chanlyniadau unigryw o safbwynt y gwledydd neu'r rhanbarthau sy'n allforio ac yn derbyn pobl.

- Mae daearyddiaeth ffoaduriaid a cheiswyr lloches yn gymhleth iawn ac yn newid yn gyflym o flwyddyn i flwyddyn. Mae pobl yn symud er mwyn gwella eu cyfleoedd bywyd yn bennaf, ond i lawer mae'r gost yn fwy na'r manteision. Wrth astudio'r maes hwn, mae'n bwysig bod yn ymwybodol y gall adroddiadau'r cyfryngau fod yn rhagfarnllyd.
- Mae'n bosibl astudio rhyw o safbwynt trawsnewid demograffig, mudo a swyddogaethau merched.
- Gall amrywiadau rhyngwladol arwain at wahaniaethau mawr rhwng lefelau datblygiad (testun y gallech ei astudio yn G3).

Thema 2: Ymchwilio i newidiadau yn aneddiadau gwledydd MEDd

2.1 Nodweddion aneddiadau

Y continwwm gwledig-trefol

Mae gan amgylcheddau gwledig a threfol gysylltiad agos â'i gilydd, er enghraifft, trwy'r cyflenwad bwyd a gweithgareddau hamdden a gwaith. Mae'n anodd iawn gwahaniaethu rhwng amgylcheddau gwledig a threfol trwy ddefnyddio un nodwedd yn unig. Mewn gwirionedd, mae **continwwm gwledig-trefol** yn bodoli sy'n adlewyrchu maint, swyddogaeth a dwysedd poblogaeth.

Maint

Mae llawer o wledydd yn defnyddio **trothwy poblogaeth**, er enghraifft 20,000 o bobl, er mwyn i aneddiadau gael eu cyfrif yn rhai trefol, ond mae'r trothwy'n amrywio o wlad i wlad ac yn ôl natur yr ardal. Mewn ardaloedd tenau eu poblogaeth, fel gorllewin Canada neu ogledd Sweden, gall anheddiad o 1000 o bobl fod yn fwy trefol ei natur na thref amaethyddol â 30,000 o bobl yn ne'r Eidal. Mae'r ystod yn amrywio o boblogaethau o 200 yn Norwy i 50,000 yn Japan. Mae'r Comisiwn Cefn Gwlad yn awgrymu bod angen i lai na 10,000 o bobl fyw mewn plwyf yn y DU er mwyn iddo gael ei gyfrif yn blwyf gwledig.

Swyddogaeth

Mae gan ardaloedd trefol amrywiaeth eang o swyddogaethau uwch-werth, fel gweithgareddau diwylliannol, adwerthu, addysg, gwasanaethau gweinyddol ac ariannol, prifysgolion a cholegau ac adwerthu arbenigol. O ganlyniad, mae ardaloedd trefol yn **fannau canolog** ac mae ganddynt gylch dylanwad. Mewn cyferbyniad, ychydig iawn o wasanaethau sydd gan ardaloedd gwledig fel arfer, ac mae'r rhan fwyaf wedi'u lleoli mewn trefi marchnad bach. Mae siopa ar y rhyngrwyd yn gwneud y gwahaniaeth yn y swyddogaethau yn llai pwysig.

Cyflogaeth

Y sectorau **eilaidd (gweithgynhyrchu)**, **trydyddol (gwasanaethau)** a **chwaternaidd (ymchwil a gweinyddiaeth)** yw'r prif ffynonellau cyflogaeth mewn ardaloedd trefol. Mae ardaloedd trefol yn denu gweithwyr o'u dalgylchoedd. Ychydig iawn o weithgarwch cynradd, os o gwbl, sydd mewn ardaloedd trefol mewn gwledydd MEDd. Mae llai na 10% o bobl yr ardaloedd gwledig yn y gwledydd MEDd yn gweithio yn y sector cynradd (mae'n gallu bod mor isel â 2%).

Dwysedd

Mae **dwyseddau trothwy poblogaeth** yn mesur natur adeiledig ardal. Yr ystod arferol yw 100-400 o bobl fesul km². Poblogaeth denau sydd gan ardaloedd gwledig mewn gwledydd MEDd yn aml, er y gall y dwysedd fod yn gymharol uchel o gwmpas y dinasoedd mawr.

Gweinyddiaeth

Mae llawer o ardaloedd trefol yn gweithredu fel canolfannau'r llywodraeth, gyda chanolfannau mwy yn gyfrifol am sawl haen o weinyddiaeth.

Nodweddion

Mae gan ardaloedd trefol ddimensiwn cymdeithasol – bywyd y dref (**trefolaeth**) sy'n cael ei diffinio gan gyflymder, straen ac awydd i lwyddo. Mae polareiddio hefyd yn fwy amlwg mewn amgylcheddau trefol, lle mae cyfoeth eithafol a thlodi difrifol yn cyd-fodoli mewn ardaloedd bach. Yr argraff gyffredinol yw bod bywyd y wlad yn araf ac yn ddi-straen – y ddelfryd wledig. Fodd bynnag, mae ardaloedd tlawd i'w cael yn amgylcheddau gwledig y gwledydd MEDd hefyd.

Mae'r **continwwm gwledig-trefol** yn cynnwys **hierarchaeth o aneddiadau**:
- **anheddau/ffermydd anghysbell**
- **pentrefan** – clwstwr bach o anheddau/ffermydd â phrinder gwasanaethau
- **pentref** – anheddiad mewn ardal wledig a oedd yn anheddiad amaethyddol ar un adeg. Mae rhai gwasanaethau ar gael mewn pentref fel arfer, gan gynnwys eglwys, tafarn a siop o bosibl. Mae'r term 'pentref' yn cael ei ddefnyddio gan werthwyr eiddo i geisio hybu delwedd a chynyddu pris eiddo mewn hen bentrefi sy'n cael eu hamgylchynu gan faestrefi
- **pentref mawr** – yn cynnig mwy o wasanaethau fel siop hen bethau a siopau bach eraill
- **tref** – ardal drefol lai gydag amrywiaeth o gyfleusterau i wasanaethu'r ardal: swyddfa'r post, ysgolion, amrywiaeth o siopau annibynnol yn bennaf
- **dinas** – anheddiad mawr sy'n dibynnu ar fasnach, gweithgynhyrchu a diwydiannau gwasanaethu. Rhanbarth dinas yw'r ardal sy'n cael ei gwasanaethu gan ddinas, ac fel arfer mae'n cynnwys ardaloedd teithio i'r gwaith ac, yn bwysig iawn y dyddiau hyn, ardaloedd teithio i astudio
- **cytref** – ardaloedd trefol a wnaeth uno'n raddol yn y bedwaredd ganrif ar bymtheg, gan gynnwys Manceinion Fwyaf a Leeds-Bradford ac ardal Ruhr yn yr Almaen
- **cytref fawr** – cytrefi enfawr sydd wedi uno, fel BosWash, morlan UDA o Boston i Washington sydd â 45 miliwn o bobl, a SanSan, arfordir California o San Francisco i San Diego.

Mega-ddinasoedd neu **ganolbwynt byd-eang** yw canolfannau allweddol yr economi fyd-eang: Llundain (12.8 miliwn o bobl – amcangyfrif 2010), Efrog Newydd (19.7 miliwn) a Tōkyō (32.4 miliwn) yw'r canolfannau bancio, cyllid a buddsoddi (mae'n bosibl bod y wasgfa gredyd wedi effeithio ar eu henw da, ond dyma'r dinasoedd allweddol o hyd). Yn y dyfodol, mae'n bosibl y bydd Shanghai (16.6 miliwn) a Singapore yn cael y statws hwn (ond nid maint poblogaeth yn achos Singapore).

Mae **dinasoedd miliwn** yn wahanol i'r canolbwynt byd-eang yn nhermau poblogaeth (amcangyfrifon 2010): Dinas México (20.4 miliwn), Sŏul (20.5 miliwn), São Paulo (18.8 miliwn), Mumbai (Bombay) (19.7 miliwn), Delhi (18.6 miliwn) a Jakarta (18.9 miliwn).

Mae'r holl nodweddion yn mynd yn fwy eithafol yr uchaf yw'r safle yn yr hierarchaeth. Mae'n bosibl y bydd ysgol gynradd a thafarn gan bentref, tra bod cyfleusterau diwylliannol arbenigol, prifysgol a nifer o swyddfeydd rhanbarthol gan ddinas. Mae'r swyddogaethau uwch-werth hyn yn rhoi cylch dylanwad eang iawn i'r ddinas. Mae'n amlwg, yr uchaf yw'r safle yn yr hierarchaeth, y lleiaf yw nifer yr aneddiadau.

Amgylcheddau trefol

Trefoli yw'r broses lle mae cyfran y boblogaeth sy'n byw mewn ardal drefol yn cynyddu. Mae'n broses o newid sy'n effeithio ar y lleoedd eu hunain ac ar y bobl berthnasol. Mae trefoli yn arwain at nifer o newidiadau:

Gwirio gwybodaeth 26

Diffiniwch bentref a mega-ddinas.

- **Newid sectorol** yn economi rhanbarth neu wlad, o ffermio yn y sector cynradd i weithgynhyrchu a darparu gwasanaethau wedi'u canoli sy'n gysylltiedig â datblygiad economaidd.
- **Trefolaeth** – wrth i bobl symud i drefi a dinasoedd, naill ai o ardaloedd gwledig neu o leoedd trefol eraill, maen nhw'n newid eu swyddi mewn ymgais i'w gwella eu hunain. Mae pobl sy'n byw mewn ardaloedd trefol yn wynebu costau byw uchel ac yn cymudo dros bellteroedd hir. Yn anochel, nid yw lleiafrif sylweddol yn llwyddo ac mae **isddosbarth** yn datblygu.
- Mae **dosbarthiad** y boblogaeth yn newid. Gall cyfuniad o fudo o ardaloedd gwledig i ardaloedd trefol a'r cynnydd naturiol sy'n deillio o fudwyr ifanc gynyddu poblogaeth dinasoedd yn gyflym iawn. Mewn cyferbyniad, mae'r gostyngiad yn y boblogaeth mewn ardaloedd gwledig a phoblogaeth sy'n heneiddio yn arafu graddau'r newid yn y boblogaeth mewn ardaloedd gwledig. Bydd rhywfaint o symud yn ôl i ardaloedd gwledig (**gwrthdrefoli**) hefyd yn cynyddu poblogaethau gwledig o fewn pellter cymudo i ardaloedd trefol.
- Newidiadau o fewn **hierarchaeth** yr anheddiad. Mae nifer yr ardaloedd trefol yn cynyddu'n gyflym o ganlyniad i drefoli (e.e. y DU yn y bedwaredd ganrif ar bymtheg). Mae trefi bach yn tyfu ac mae trefi mawr yn cyfuno i ffurfio cytrefi.

Gwirio gwybodaeth 27

Beth yw'r gwahaniaeth rhwng trefoli a threfolaeth?

Trefoli dros amser

Mae perthynas agos iawn rhwng datblygiad economaidd a threfoli. Mae Ffigur 16 yn dangos model o'r broses mae gwledydd MEDd wedi'i dilyn dros amser. (D.S. dim ond y broses sy'n berthnasol i wledydd MEDd mae'n rhaid i chi wybod amdani.)

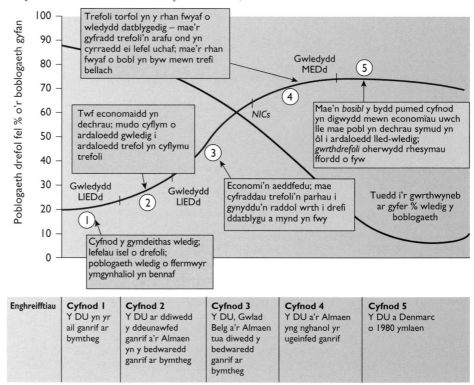

Ffigur 16 Proses Trefoli

Daeth y Chwyldro Diwydiannol i'r DU tua 1800, ac roedd yn seiliedig ar feysydd glo a diwydiannau gweithgynhyrchu helaeth. Ymhen tua 150 o flynyddoedd roedd canran trefol y boblogaeth wedi cynyddu o 20% i 75%. Roedd y cyfraddau trefoli yn araf oherwydd cyfraddau marwolaeth uchel, disgwyliad oes isel a chyfradd marwolaethau babanod uchel iawn.

Yn yr ugeinfed ganrif gwnaeth dinasoedd dynhau eu gafael ar yr economi gan ddatblygu amrywiaeth eang o weithgareddau a oedd yn cyflogi poblogaeth fwyfwy amrywiol. Erbyn diwedd y ganrif, roedd pobl yn yr economïau uwch yn dechrau symud yn ôl i ardaloedd lled-wledig – **gwrthdrefoli** – neu yn ôl i'r dinasoedd – **ail-drefoli**.

Cylch trefoli

Mae'r cydbwysedd presennol rhwng grymoedd mewngyrchol a grymoedd allgyrchol yn Ffigur 17 yn newid dros amser, naill ai mewn ymateb i rymoedd masnachol neu mewn ymateb i benderfyniadau cynllunio'r llywodraeth. Mae cydadwaith y grymoedd hyn yn cael effaith fawr ar y cylch trefoli ac ar esblygiad strwythur a siâp y ddinas.

Grymoedd mewngyrchol – canoli swyddi a gwasanaethau; manteision cydgrynhoi a lleoliad marchnadoedd

Grymoedd allgyrchol tagfeydd, costau uchel a mwy o fasnach yn y maestrefi

Datganoli swyddfeydd, diwydiant ac adwerthu i ganolfannau maestrefol a chanolfannau y tu allan i'r dref

Ffigur 17 Cylch trefoli

(2) Maestrefoli – wrth i bobl symud o ardaloedd mewnol i ardaloedd allanol, gyda datblygiad rhwydweithiau cludiant newydd fel trenau, bysiau a threnau tanddaearol, gall pobl gymudo i'r gwaith. Yn aml mae grwpiau uchelgeisiol yn symud o ardaloedd mewnol i ardaloedd allanol fel y gallant fforddio tai gwell. Enw'r broses hon yw **hidlo**. Mae maestrefoli'n ymestyn yn raddol. Mae'r cyrion gwledig-trefol ar yr ymyl

(1) Trefoli cychwynnol sy'n deillio o fudo gwledig-trefol, fel arfer i ganol dinas, i ardal slym neu drefi sianti ar y cyrion.

(3) Blerdwf trefol yw lledaeniad ardal drefol. Mae'n deillio o dwf poblogaeth a ffactorau economaidd gymdeithasol, y galw am dai dwysedd isel, a llawer llai o bobl yn byw mewn tai (ysgariad, un person yn byw mewn tŷ)

(4) Gwrthdrefoli pan mae pobl yn symud o ardaloedd trefol yn ôl i ardaloedd gwledig. Mae'r rhan fwyaf o bobl yn symud i ardaloedd lled-wledig hygyrch, ac os yw aneddiadau mawr yn cael eu creu, mae'n eithaf tebyg i faestrefoli. Mae'n rhaid i bobl gymudo bob dydd. Mae rhai pobl yn symud i ardaloedd gwledig mwy anghysbell fel rhan o'r broses wrthdrefoli – er mwyn gwella eu ffordd o fyw fel arfer. Mae teleweithio yn bosibl diolch i'r defnydd cynyddol o dechnoleg gwybodaeth

(5) Mae **ail-drefoli** yn ymwneud ag amrywiaeth o brosesau sy'n golygu bod pobl a gweithgareddau economaidd yn gallu dychwelyd i ganol dinasoedd. Mae **boneddigeiddio** yn digwydd wrth i bobl wyn, dosbarth canol symud yn ôl i ardaloedd trefol mewnol diffaith a gwella'r stoc dai. Mae rhyfaint o ail-drefoli yn deillio o fentrau bwriadol, fel mentrau Corfforaethau Datblygu Trefol i wella ardaloedd canolog mewnol mewn sawl ffordd trwy greu tai sydd o werth uchel, swyddi uwch-dechnoleg ac amgylcheddau gwell

Y cylch trefoli
- (1-5) yw trefn arferol prosesau mewn gwlad MEDd.
- Mae'r prosesau'n deillio o gydbwysedd grymoedd allgyrchol a mewngyrchol. Os oes symudiad allanol, grymoedd allgyrchol sydd gryfaf.
- Mae grymoedd allgyrchol mor gryf mewn rhai o ddinasoedd y gwledydd MEDd nes bod cynllunwyr yn gweithio i adfywio'r grymoedd mewngyrchol.

Canfyddiadau o leoedd

Mae'r hyn mae pobl yn ei alw'n bentref yn amrywio. Mae diffiniad y rhan fwyaf o bobl yn debyg i'r diffiniad sydd i'w gael yma, ond yn aml mae gwerthwyr eiddo yn disgrifio pentref fel cymuned fechan, hyd yn oed os yw'r gymuned honno wedi'i hamgylchynu gan faestrefi. A yw Greenwich Village yn Manhattan, Efrog Newydd yn bentref neu'n ddim ond ardal â nodweddion cymdeithasol a ffisegol unigryw? A yw'r term 'tref farchnad' yn disgrifio tref â marchnad wledig mewn gwirionedd neu a yw'n ceisio cyfleu anheddiad sydd wedi ehangu'n gyflym dros y 30 mlynedd diwethaf?

2.2 Sut mae strwythur cymdeithasol a diwylliannol aneddiadau yn amrywio a pham?

Morffoleg drefol

Morffoleg drefol yw ffurf neu strwythur mewnol ardal drefol, neu'r ffordd mae swyddogaethau amrywiol yn cael eu trefnu mewn tref neu ddinas. Mae'n bosibl adnabod **cylchfaoedd** defnydd tir penodol yn aml. Y prif reswm dros greu cylchfaoedd yw costau tir. Defnyddir **damcaniaeth rhent cynnig** i egluro'r cylchfaoedd yn aml. Mae'n datgan bod pob swyddogaeth yn fodlon talu pris penodol am ddarn o dir. Er enghraifft, mae prisiau tir yn uchel iawn yng nghanol y ddinas. Dim ond sefydliadau ariannol cyfoethog a/neu'r siopau adwerthu mawr sy'n gallu fforddio prynu tir am y pris hwn (pris prynu neu rentu a threth cyngor) ac maen nhw'n gallu cynnig mwy nag eraill sydd eisiau defnyddio'r tir ar gyfer anheddau ac ati.

- Mae **cydgrynhoad** hefyd yn ffactor arwyddocaol mewn perthynas â chylchfaoedd gan fod llawer o fusnesau'n elwa trwy ddod at ei gilydd mewn un gylchfa fusnes/swyddfa. Mae mwy o swyddogaethau nawr yn ffafrio safleoedd ger croesffyrdd prysur er mwyn denu cymaint o ddefnyddwyr â phosibl – e.e. ystafelloedd arddangos ceir, sy'n cael eu disgrifio fel **rhesi moduron** yn aml.

- Mae **hanes** yn ffactor arwyddocaol sy'n dylanwadu ar ddatblygiad anheddiad. Datblygodd y rhan fwyaf o ardaloedd trefol mewn gwledydd MEDd o graidd hanesyddol cyn ymestyn allan mewn dull consentrig. O ganlyniad, mae'r tai yn y canol yn hŷn fel arfer ac mae cyflwr llawer ohonyn nhw'n waeth na'r tai newydd yn y maestrefi allanol. Weithiau mae adeiladau hanesyddol fel cestyll ac eglwysi cadeiriol yn gallu amharu ar y patrwm trwy atal lledaeniad mewn un cyfeiriad neu gadw ardaloedd eglwysig, e.e. Chichester.

- Mae **ffactorau safleoedd arbenigol** yn dylanwadu ar forffoleg mewn ffordd benodol. Mae gan lawer o ddinasoedd ardaloedd diwydiannol glan y dŵr, ond mae'r swyddogaeth wedi newid wrth i'r ardaloedd fynd yn ddiffaith. Mae hyn wedi creu cyfleoedd **adfywio** (e.e. Bae Caerdydd, SA1 Abertawe a Doc Albert, Lerpwl).

- Mae gan **ffactorau gwleidyddol** (llywodraeth ganolog, llywodraeth leol a'r Cynulliad Cenedlaethol yng Nghymru) ddylanwad mawr ar sut mae tir yn cael ei ddatblygu neu ei ailddatblygu. Mae adrannau cynllunio dinasoedd yn gweithredu deddfau cadarn ar gylchfaoedd sy'n rheoli lle mae datblygiadau'n gallu digwydd. Yn 2011 roedd y llywodraeth yn cynnig llacio'r rheolaethau cynllunio.

Mae ardaloedd trefol yn newid drwy'r amser. Mae Ffigur 18 yn cynnwys rhestr wirio ar gyfer morffoleg newidiol dinas mewn gwlad MEDd.

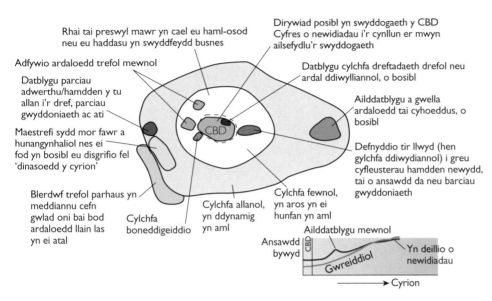

Ffigur 18 Newidiadau a all fod yn digwydd mewn dinas mewn gwlad MEDd

Cyngor yr arholwr

Dylech fod yn barod i addasu'r diagram hwn ar gyfer eich enghreifftiau eich hun, gan roi anodiadau i ddisgrifio defnydd tir a nodi'r ffactorau sy'n gyfrifol. Mae'n bosibl y byddwch yn dod o hyd i lawer o'r datblygiadau a ddangosir, tra bydd eraill yn absennol o'r enghraifft y byddwch yn ei dewis.

Gwirio gwybodaeth 28

Beth yw ystyr 'cydgrynhoad'?

Modelau trefol

Diagram wedi'i symleiddio yw **model trefol** sy'n cael ei greu trwy edrych ar amrywiaeth o ddinasoedd a gwneud datganiadau cyffredinol, sy'n cynnwys nodweddion tebyg. Mae'n bosibl defnyddio cyfuniad o waith maes (casglu data cynradd) a dadansoddi mapiau a chyfrifiadau (ymchwil eilaidd). Mae'n bosibl cymharu'r model ag unrhyw ddinas neu dref. Dylech geisio egluro pam mae morffoleg y ddinas neu'r dref o'ch dewis yn debyg neu'n wahanol. Cofiwch ddefnyddio model priodol bob amser ar gyfer y ddinas o'ch dewis. Datblygwyd modelau fel cylchoedd cydganol Burgess dros 90 o flynyddoedd yn ôl ar gyfer amgylchiadau cwbl wahanol (twf cyflym iawn) i'r rhai sy'n bodoli mewn dinasoedd MEDd modern. Mae modelau eraill, fel y cnewyll lluosog (*multiple-nuclei*), yn berthnasol yn unig i ddinasoedd a ddatblygodd o sawl canolfan, e.e. Los Angeles neu Stoke-on-Trent. Ar gyfer dinasoedd y DU, yn enwedig dinasoedd diwydiannol y gogledd, mae model Mann a ddatblygwyd yn y 1960au yn ddefnyddiol (Ffigur 19).

A Sector dosbarth canol
B Sector dosbarth canol is
C Sector dosbarth gwaith
(a phrif sector stadau cyngor)
D Sector diwydiant a dosbarth gwaith isaf

I Canol busnes y dref
2 Cylchfa ryngbarthol
3 Cylchfa o dai teras bach yn sector C a D; tai mwy yn
sector B; hen dai mawr yn sector A (Fictoraidd)
4 Ardaloedd preswyl ôl-1918, gyda thai ôl-1945 ar y
cyrion
5 Pentrefi cymudwyr (ôl-1960)

Ffigur 19 Model strwythur trefol Mann

Anghydraddoldebau a phroblemau cymdeithasol

Mae sawl cymdogaeth amrywiol, sydd ag ansawdd bywyd gwahanol, yn perthyn i'r rhan fwyaf o ardaloedd trefol, ond mae isddosbarthiadau yn tueddu i fyw yn amgylcheddau ffisegol gwaethaf yr ardaloedd trefol – fel arfer oherwydd nad oes dewis ganddynt. Mae trigolion cyfoethocach yn tueddu i symud i ardaloedd dethol er mwyn osgoi'r trigolion tlotach. Gall y broses o ymwahanu rhwng y cyfoethog a'r tlawd ddod yn amlwg iawn, yn enwedig wrth i nifer y prosesau cylchol arwain at drobwll o **amddifadedd lluosog** ar stadau tlawd, gan ddod â llawer iawn o broblemau i ardaloedd (gweler Ffigur 20).

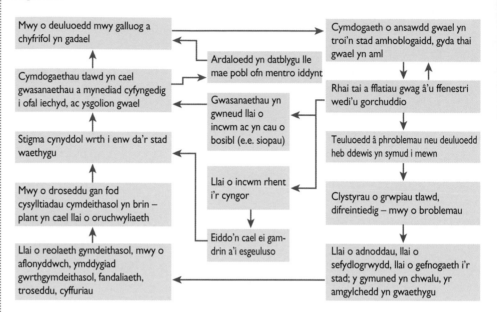

Ffigur 20 Trobwll o amddifadedd lluosog ar stadau tlawd

Mae **poblogaeth amlddiwylliannol** yn nodwedd amlwg o ddinasoedd, ac mae'n gallu arwain at gymysgedd o bobl o gefndiroedd ethnig, crefyddol a diwylliannol gwahanol. Mae'n gallu creu amrywiaeth o **getos**. Mae'r rhan fwyaf o bobl sy'n byw mewn geto yn perthyn i un lleiafrif ethnig neu ddiwylliannol, e.e. pobl dduon a phobl o Puerto Rico yn Harlem, Efrog Newydd. Mae'r term yn deillio o'r ardal lle cafodd yr Iddewon eu gorfodi i fyw yng nghyfnod y Dadeni yn Venezia (Fenis). Mae getos yn gyffredin yn ninasoedd America ac maen nhw'n dod yn fwyfwy cyffredin yn ninasoedd Ewrop. Maen nhw'n tueddu i ddatblygu yn ystod cyfnodau o aflonyddwch sy'n codi ofn ar bobl a'u gorfodi i glystyru. Maen nhw hefyd yn datblygu pan fydd mewnfudwyr newydd o ddiwylliannau gwahanol yn cyrraedd dinas, e.e. Twrciaid yn Stoke Newington, Llundain. Clystyrau o amddifadedd yw getos i ddechrau. Bydd llawer o fewnfudwyr newydd yn cyrraedd sy'n brin o adnoddau, ac mae gwahaniaethu yn gallu arwain at lefelau diweithdra uwch ac incwm is ymysg y grwpiau hyn. Wrth i grwpiau ethnig gael eu gorfodi i fyw mewn ardaloedd lle mae'r tai yn wael, mae pobl o gefndiroedd eraill yn gadael (yr enw am hyn yn UDA yw **gwynion yn gadael (***white flight***)**). Mae lefelau troseddu ac aflonyddwch yn uwch yn aml – gan arwain at gynnwrf mewn lleoedd fel canol deheuol Los Angeles. Mae Ffigur 21 yn dangos y ffactorau sy'n hyrwyddo arwahanu ethnig. Ym Milano, mae'r Roma (isddosbarth sipsiwn o fewnfudwyr anghyfreithlon a dilys) yn byw mewn gwersylloedd dros dro neu o dan bontydd rheilffordd, ac er bod yr awdurdodau'n eu gorfodi i symud, maen nhw'n dychwelyd wedyn.

Mae clystyru ethnig yn destun cymhleth ac mae patrymau o grwpiau ethnig yn amrywio. Mewn dinasoedd lle mae mewnfudwyr wedi'u hen sefydlu, wedi integreiddio'n dda, a lle nad oes bygythiad o wahaniaethu hiliol, mae'r grwpiau'n tueddu i wasgaru ar hyd a lled y ddinas wrth i'w hyder a'u cyfoeth gynyddu. Mae hyn wedi digwydd yn Sydney a Melbourne, a'r enw am y broses yw **cymysgu**. Mae lluosogrwydd rhyngwladol yn nodwedd o sawl dinas yn Awstralia.

Ffactorau mewnol – y rhai o fewn grwpiau ethnig sy'n hyrwyddo arwahanu

Mae angen cymorth gan ffrindiau, perthnasau a sefydliadau cymunedol ar newydd-ddyfodiaid

Y sefyllfa orau i'r mewnfudwyr hyn yw cael canolfannau crefyddol, siopau a bwydydd ethnig, a banciau'n grwpio gyda'i gilydd i'w gwasanaethu

Mae angen cymorth ar y mewnfudwyr hyn o ardaloedd sy'n siarad yr un iaith â nhw – iaith leiafrifol yn eu gwlad eu hunain

Mae'r grwpiau ethnig hyn yn hyrwyddo cyfeillgarwch a phriodas ac yn lleihau cyswllt â phobl eraill, ac eithrio mewn ysgolion, a fyddai o bosibl yn gallu tanseilio diwylliant a thraddodiadau'r grwpiau ethnig

Mae'n bosibl dod o hyd i swyddi a lety yn aml trwy rwydweithio mewn cymuned ethnig

Mae cymuned ethnig agos yn diogelu pobl yn erbyn camdriniaeth ac ymosodiadau hiliol – diogelwch wrth fod yn aelod o grŵp

Mae grwpiau ethnig yn cynorthwyo grym gwleidyddol ac yn dylanwadu ar ddatblygiad

Ffactorau allanol – y rhai o fewn y wlad neu'r ardal sy'n hyrwyddo arwahanu ethnig

Wrth i fewnfudwyr symud i mewn, mae gweddill y boblogaeth fwyafrifol yn symud allan – gan ofni ffactorau fel prisiau tai yn gostwng

Yn gyffredinol mae'r boblogaeth fwyafrifol yn elyniaethus neu'n anghyfeillgar tuag at newydd ddyfodiaid

Hiliaeth, camdriniaeth, trais seiliedig ar hil yn erbyn lleiafrifoedd ethnig neu ofn triniaeth felly

Gwahaniaethu yn y farchnad swyddi – mae aelodau lleiafrifoedd ethnig sy'n ennill cyflogau isel neu sy'n ddi-waith yn cael eu gorfodi gan eu hamgylchiadau i fyw mewn ardaloedd â thai rhad a defnyddio gwasanaethau is-safonol

Mae gwahaniaethu gan werthwyr tai, gwerthwyr eiddo ac asiantaethau tai yn cadw lleiafrifoedd ethnig yn eu getos

Mae gwahaniaethu gan sefydliadau ariannol yn gorfodi lleiafrifoedd ethnig i ddefnyddio eu rhwydweithiau eu hunain i ddatblygu busnesau bach ac ati.

Arwahanu ethnig mewn ardaloedd trefol yn arwain at glystyru

Ffigur 21 Ffactorau sy'n hyrwyddo arwahanu ethnig

- Mae rhai getos yn datblygu mewn ardaloedd canolog, fel y geto Affricanaidd-Americanaidd yn Watts yng nghanol Los Angeles. Rhesymau hanesyddol sy'n gyfrifol am hyn weithiau, gan fod llawer o dai rhad ar gael i'w rhentu neu eu prynu. Mewn achosion eraill, mae llawer o bobl yn byw mewn tai o ansawdd gwael yn y maestrefi.
- Mae mewnfudwyr diweddar, fel Mecsicaniaid, wedi symud i **barrios** mewn ardaloedd fel dwyrain LA a San Fernando. Wrth iddynt gael swyddi gwell a dechrau dysgu'r iaith, mae'n bosibl y byddant yn gadael y barrios, ond ni fyddant yn gwneud hynny os ydynt yn teimlo o dan fygythiad oherwydd eu hil.
- Mae mewnfudwyr hefyd yn byw yn yr hyn sy'n cael eu galw'n **ethnoburbs** ar Ymyl y Cefnfor Tawel. Mae mewnfudwyr dosbarth canol neu broffesiynol yn setlo mewn maestrefi cefnog lle maen nhw'n buddsoddi mewn busnesau ac yn datblygu eiddo. Rhesymau yn ymwneud â dewis, cyfleustra a diwylliant sy'n creu'r clystyrau newydd hyn, ac maen nhw'n glofannau (*enclaves*) economaidd dylanwadol yn aml.
- Mae 'getos' elitaidd yn gallu datblygu mewn ardaloedd dethol fel **cymunedau adwyog (*gated communities*)** yn Beverly Hills ac yn Esher, Surrey. Roedd clofannau elitaidd yn gyffredin mewn aneddiadau trefedigaethol lle'r oedd y rheolwyr trefedigaethol wedi'u gwahanu oddi wrth y bobl leol (weithiau mae'r ardaloedd hyn yn aros fel clofannau, e.e. Victoria Peak yn Hong Kong).

Mae'r rhan fwyaf o'r patrymau sy'n cael eu hamlinellu uchod yn deillio o brosesau naturiol, ond o dan densiynau hiliol neu wleidyddol eithafol. Fel sydd wedi digwydd mewn rhannau o Ogledd Iwerddon a Bosna, mae ofn a realiti erledigaeth a pherygl eithafol yn gallu arwain at **lanhau ethnig** systematig neu grwpiau amrywiol yn cilio i gymdogaethau cynyddol 'pur' sy'n cael eu gwahanu weithiau gan wal.

Gwirio gwybodaeth 29

Beth yw ystyr 'gwynion yn gadael'?

Mae clystyrau ethnig yn achosi pryder mawr os yw lleiafrifoedd ethnig yn dod yn isddosbarth sy'n byw ar y stadau lleiaf deniadol ac yn dioddef all-gau cymdeithasol (*social exclusion*). Mewn dinasoedd mewn gwledydd MEDd, ardaloedd tlawd o'r ddinas fewnol yw'r rhain gan amlaf, ond maen nhw'n gallu bod yn stadau problematig o dai **cymdeithasol** neu dai **lles** naill ai yn y ddinas fewnol (Hulme ym Manceinion) neu ar gyrion y ddinas (*banlieues* Paris fel Grigny, La Courneuve a Sarcelles).

Mae'r farchnad swyddi newidiol wedi effeithio ar y ddau fath o ardal. Mae llawer o swyddi cyflog isel, rhan amser, ansefydlog ar gael ac mae diweithdra yn uchel, yn enwedig ymysg oedolion ifanc. Mae'n anodd iawn torri'r cylch anfantais ac amddifadedd gan ei fod yn tueddu i gael ei drosglwyddo o genhedlaeth i genhedlaeth. Mae hyn yn cael ei ategu gan gyfleusterau iechyd ac addysg gwael yn yr ardaloedd hyn, ac mae gwahaniaethu hiliol a mathau eraill o wahaniaethu yn gallu cryfhau'r cylch hefyd.

Atebion

Mae nifer o ddadleuon yn bodoli ynglŷn â sut i ddatrys problemau anghydraddoldeb:

* A ddylai'r cyllid ddod o ffynonellau cyhoeddus neu breifat neu gymysgedd o'r ddau? Roedd gwasgfa gredyd 2008/09 yn deillio o gyllid preifat ar gyfer benthyciadau mewn ardaloedd tlawd a arweiniodd at ddyledion drwg.
* A ddylai'r mentrau gael eu cyflwyno gan lywodraeth ganolog (o'r brig i lawr) neu drwy brojectau cymunedol lleol?
* Ai mynd i'r afael â'r problemau amgylcheddol, cymdeithasol, economaidd neu wleidyddol yw'r flaenoriaeth allweddol?
* Beth yw'r ffordd orau o wario unrhyw arian sy'n cael ei ddyrannu – canolbwyntio ar un ardal benodol neu roi mentrau ar waith mewn lleoedd gwahanol?

Mae gan y rhan fwyaf o ddinasoedd eu gwefannau eu hunain sy'n nodi eu cynlluniau.

Ardaloedd myfyrwyr

Ffenomen fwy diweddar o safbwynt arwahanu yw datblygiad ardaloedd myfyrwyr mewn trefi prifysgol. Ar un adeg, dim ond colegau Rhydychen a Chaergrawnt oedd ag ardaloedd myfyrwyr, ond erbyn heddiw mae ardaloedd mawr o wardiau dinasoedd mewnol yn gartref i fyfyrwyr, e.e. Southsea ar gyfer Prifysgol Portsmouth.

Canfyddiadau o strwythur trefol

Mae gan y rhan fwyaf o bobl lun meddyliol o ardal drefol sy'n seiliedig ar eu profiad a'u haddysg yn ogystal â'u profiadau pellach wrth deithio o gwmpas yr ardal. Aeth Lynch ati i fodelu sut mae pobl yn gweld dinasoedd:

* **Llwybrau** – ein llwybrau symud ar hyd ffyrdd neu linellau rheilffordd neu lwybrau cerdded, neu'r hyn a welwn wrth ddefnyddio lluniau Streetview neu declynnau llywio â lloeren.
* **Ymylon** – y ffiniau sy'n gwahanu ardaloedd oddi wrth ei gilydd, fel traffyrdd trefol, llinellau rheilffordd, afonydd, morlinau, neu hyd yn oed ffiniau cymunedau adwyog. Mae rhai ymylon yn dod yn **ddolenni** sy'n uno ardaloedd, fel afon Cam yng Nghaergrawnt, sy'n cadw'r colegau i gyd gyda'i gilydd.
* **Nodau** – canolbwynt tref neu ddinas lle mae'r prif lwybrau cludiant yn cyfarfod neu ganolfannau gweithgarwch. Mae gorsafoedd trên yn nodau ym marn y rhan fwyaf o bobl. Mae Canary Wharf yn nod, felly hefyd adeilad Cynulliad Cymru yng Nghaerdydd.

Gwirio gwybodaeth 30

Pam mae myfyrwyr yn dewis byw mewn un rhan o ddinas?

- **Rhanbarthau** – ardaloedd sy'n rhannu nodweddion cyffredin – pensaernïaeth gan amlaf. Mae'n hawdd nodi elfennau Sioraidd Caerfaddon, ac mae nodweddion cyffredin yn amlwg yng nghanol llawer o ddinasoedd, er mai yn rhannol yn hytrach nag yn eu cyfanrwydd y byddant yn cael eu gweld o bosibl.
- **Tirnodau** – y nodweddion unigryw sy'n aros yn y cof. Gallant fod yn dirnodau lleol, pell iawn neu hyd yn oed yn dirnodau y tu hwnt i'r ardal drefol.

Mae canfyddiad pobl o'r uchod yn dibynnu ar:
- Eu hoedran – mae'n bosibl y bydd plentyn 3 oed yn gweld cloc mawr Big Ben ond heb sylwi ar afon Tafwys. Efallai y bydd oedolion ifanc yn gweld mwy mewn ardal adloniant na'u rhieni sydd â chanfyddiad gwahanol.
- Rhyw.
- Profiad a pha mor aml mae pobl yn ymweld ag amgylchedd – mae'n haws cofio pethau cyfarwydd.
- Dosbarth cymdeithasol yr unigolyn neu'r grŵp – er enghraifft, a oes canfyddiad bod ardaloedd 'gwaharddedig' yn seiliedig ar ddosbarth cymdeithasol, neu efallai nad oes tai i'w prynu, dim ond i'w rhentu yn yr ardal.
- Gwerthoedd yr unigolyn neu'r grŵp. Mae llawer o ranbarthau ethnig a chrefyddol wedi datblygu gan fod parch yn yr ardal at system werthoedd yr unigolyn, e.e. ardal yr Iddewon yn Golders Green a phobl De Korea ym Merton.

2.3 Beth yw pynciau llosg y ddinas fewnol?

Anghydraddoldebau

Mae anghydraddoldebau yn bodoli ym mhob ardal drefol ac mae graddfa'r anghydraddoldebau yn adlewyrchu patrymau cenedlaethol a rhanbarthol. Mae modelau trefol yn dangos bod cyferbyniadau mewn cyfoeth i'w gweld yn agos at ei gilydd. Mae pobl gyfoethog a phobl dlawd yn tueddu i glystyru yn ofodol ac mae rhesymau dros **arwahanu cymdeithasol** o'r fath yn y ddinas fewnol a thu hwnt.

Yr elfen allweddol yw tai sydd â lleoliad sefydlog. Mae datblygwyr a chynllunwyr yn tueddu i adeiladu tai ar gyfer marchnad benodol. Mae grwpiau mwy cyfoethog yn gallu dewis ble maen nhw'n byw – gan dalu prisiau uchel er mwyn byw mewn ardaloedd sy'n bell o'r ardaloedd tlawd, a lle mae'r amgylcheddau'n ddymunol a'r gwasanaethau'n dda, fel ysgolion. Nid oes gan y grwpiau tlawd gymaint o ddewis, ac mewn ffordd maen nhw'n gorfod byw ble bynnag maen nhw'n cael eu rhoi – mewn tai cymdeithasol neu mewn lleoedd sy'n rhad i'w rhentu'n breifat.

Mae'n rhaid ystyried tai yng nghyd-destun amgylcheddau newidiol. Mae cymdogaethau tai yn newid dros amser – mae fila Fictoraidd fawr yn rhy fawr erbyn hyn i'r teulu cyffredin ac yn cael ei 'addasu' yn fflatiau i'w rhentu'n breifat. Mae cymdogaethau eraill wedi gwella oherwydd **boneddigeiddio**. Mae'n bosibl adeiladu'r un math o dai mewn amgylcheddau gwahanol. Gall hyn ddigwydd ar lethr deniadol (Hampstead) neu mewn cymdogaeth sydd newydd gael ei gwella gan dargedu pobl uchelgeisiol. Llwyddodd yr **hawl i brynu** newid golwg rhai stadau cyngor, er enghraifft roedd rhesi o dai cyngor a oedd yn wynebu caeau yn cael eu prynu a'u gwella. Fel y soniwyd yn gynharach, mae mewnfudo yn gallu arwain at anghydraddoldebau.

Cyngor yr arholwr
Mae'n bosibl gwneud sawl astudiaeth maes o ganfyddiadau dinas neu bentref, gan gynnwys astudiaeth ar sail grŵp oedran neu ryw.

Gwirio gwybodaeth 31
Beth yw'r gwahaniaeth rhwng nod a thimod?

Cyngor yr arholwr
Peidiwch â chymysgu'r ddinas fewnol â'r CBD. Y ddinas fewnol yw'r ardal drefol o gwmpas y CBD a gafodd ei datblygu wrth i'r dref neu'r ddinas ehangu cyn yr ugeinfed ganrif.

Cyngor yr arholwr
Dylech allu rhoi enghreifftiau sy'n dangos cyferbyniad mewn cyfoeth yn eich ardal chi.

Gwirio gwybodaeth 32
Enwch ddwy gymuned adwyog.

Mesur anghydraddoldebau

Mae'n bosibl defnyddio data **cynradd** i fesur **ansawdd bywyd** mewn ardal fel y ddinas fewnol. Mae'r data hyn yn cynnwys ansawdd, dwysedd a chyflwr tai, a natur yr amgylchedd (ffisegol a chymdeithasol). Mae lefelau llygredd neu lefelau troseddu yn ddangosyddion da yn y cyswllt hwn (Ffigur 22).

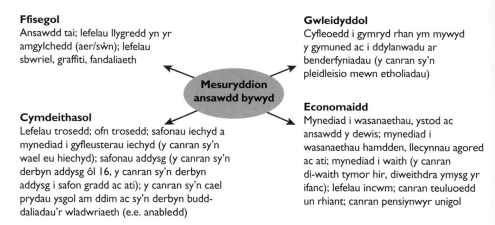

Ffisegol
Ansawdd tai; lefelau llygredd yn yr amgylchedd (aer/sŵn); lefelau sbwriel, graffiti, fandaliaeth

Gwleidyddol
Cyfleoedd i gymryd rhan ym mywyd y gymuned ac i ddylanwadu ar benderfyniadau (y canran sy'n pleidleisio mewn etholiadau)

Mesuryddion ansawdd bywyd

Cymdeithasol
Lefelau trosedd; ofn trosedd; safonau iechyd a mynediad i gyfleusterau iechyd (y canran sy'n wael eu hiechyd); safonau addysg (y canran sy'n derbyn addysg ôl 16, y canran sy'n derbyn addysg i safon gradd ac ati); y canran sy'n cael prydau ysgol am ddim ac sy'n derbyn budd-daliadau'r wladwriaeth (e.e. anabledd)

Economaidd
Mynediad i wasanaethau, ystod ac ansawdd y dewis; mynediad i wasanaethau hamdden, llecynnau agored ac ati; mynediad i waith (y canran di-waith tymor hir, diweithdra ymysg yr ifanc); lefelau incwm; canran teuluoedd un rhiant; canran pensiynwyr unigol

Ffigur 22 Mesuryddion ansawdd bywyd

Mae'n bosibl defnyddio data **eilaidd** o gyfrifiad i asesu lefelau **amddifadedd** – gall hyn gynnwys **tlodi** yn nhermau incwm isel neu o safbwynt iechyd gwael neu ddiffyg eiddo, e.e. car. Mae llawer o rannau mwyaf tlawd yr ardaloedd trefol yn dioddef **amddifadedd lluosog** – sef amddifadedd cymdeithasol, amgylcheddol ac economaidd. Mae sawl mynegai ar gael i fesur amddifadedd, gan gynnwys mynegai Townsend.

Mae'r term **all-gau cymdeithasol trefol** (*urban social exclusion*) yn cyfeirio at broblemau trigolion mewn ardaloedd o amddifadedd lluosog, fel y ddinas fewnol, lle mae amgylchiadau cymdeithasol a ffisegol pobl yn golygu nad ydynt yn gallu cymryd rhan lawn yn y gymdeithas. Nid ydynt yn gallu cael swydd na chartref gweddus oherwydd diffyg addysg a phrinder arian, ac maen nhw'n gorfod dioddef lefelau trosedd uchel ac iechyd gwael mewn amgylchedd ffisegol annymunol.

Cyngor yr arholwr
Dylech wneud yn siŵr bod gennych eich enghreifftiau eich hun o ardaloedd o amddifadedd a thlodi mewn dinasoedd, yn enwedig yn y ddinas fewnol. Fodd bynnag, peidiwch ag anghofio am dlodi yn y maestrefi.

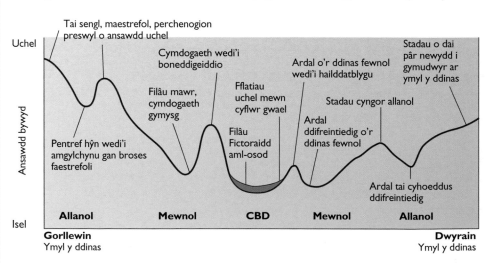

Ffigur 23 Trawslun ansawdd bywyd delfrydol ledled dinas yn y DU

Daearyddiaeth UG CBAC

Mae anghydraddoldeb yn gallu cael effaith fawr ar ddinas o safbwynt diffyg cydlyniad cymdeithasol. Mewn achosion eithafol mae'n gallu arwain at aflonyddwch sifil, fel y digwyddodd o bosibl yn nherfysgoedd 2011. Mae'n rhaid i lywodraethau fynd i'r afael ag anghyfiawnderau cymdeithasol am lawer o resymau cymdeithasol, economaidd a gwleidyddol. Mae Ffigur 23 yn dangos trawslun ansawdd bywyd delfrydol ledled dinas yn y DU a'r ansawdd bywyd is yn y ddinas fewnol.

Mae materion trefol yn cael eu crynhoi yn Nhabl 8. Nid ydynt i gyd yn gyfyngedig i'r ddinas fewnol, ond maen nhw'n fwy amlwg o lawer yn rhannau hŷn dinasoedd.

Tabl 8 Trosolwg o faterion trefol

Amgylcheddol	• Problemau sy'n deillio o lygredd atmosfferig o ffynonellau amrywiol, yn enwedig o wasanaethau diwydiannol, domestig a chludiant • Natur anghynaliadwy yr egni a ddefnyddir i gymudo • Problemau tagfeydd traffig – symud llif dyddiol cymudwyr a gorlwytho cludiant cyhoeddus • Damweiniau ffordd sy'n arwain at farwolaethau ac anafiadau • Problemau sy'n cael eu hachosi gan waredu gwastraff a charthion • Problemau llygredd dŵr • Llygredd sŵn • Problemau sy'n deillio o flerdwf trefol cyflym, yn enwedig colli tir a chreu ardaloedd eang o slymiau • Gall diffeithdra fod yn broblem, gan greu llawer o ardaloedd 'gwenwynig' neu hyll fel hen weithfeydd nwy • Mae gan rai dinasoedd broblemau penodol fel llifogydd neu dirlithriadau – sy'n waeth i bobl dlawd sydd ddim yn gallu dewis byw mewn lleoliadau diogel
Cymdeithasol-ddiwylliannol	• Datblygiad cylchfaoedd tlodi a dibyniaeth o fewn y ddinas sy'n gallu dod yn ardaloedd â lefelau troseddu uchel ac amddifadedd cymdeithasol • Mae getoeiddio grwpiau incwm ac ethnig amrywiol yn arwain at ddrwgdeimlad rhwng grwpiau/gangiau • Creu isddosbarth o bobl sy'n brin o bwerau i herio eu hansawdd bywyd ac iechyd gwael a'u dibyniaeth ar gymorth y wladwriaeth • Cyffuriau a throseddu'n arwain at ryfela rhwng gangiau
Economaidd	• Problemau o ran darparu ar gyfer yr holl bobl newydd sy'n cyrraedd • Mae darparu gwasanaethau fel iechyd, addysg, tai, cyflogaeth, dŵr a charthffosiaeth yn mynd yn ddrutach • Costau yn nhermau lles
Gwleidyddol	• Problemau rheoli mega-ddinasoedd yn effeithiol er mwyn ymdopi â'r amrywiaeth enfawr o broblemau; incwm o'r dreth gyngor yn lleihau yn sgil capio

Stoc tai

Un o'r problemau mwyaf cyffredin a difrifol sy'n wynebu dinasoedd mewnol yw problemau tai. Mae sawl agwedd ar y broblem:

● Ansawdd tai – maint, ansawdd yr adeilad, darparu gwasanaethau fel dŵr, trydan a nwy, a diogelwch y safle. Mae tai gorlawn sydd wedi'u hadeiladu'n wael yn cael effaith fawr ar iechyd a lles y trigolion. Er enghraifft, meddyliwch am lawer o'r problemau sy'n gysylltiedig â thyrau o fflatiau yn y ddinas fewnol.

● Niferoedd y tai o gymharu â nifer y teuluoedd sydd angen cartrefi. Mae'r galw am dai yn fwy na'r cyflenwad yn aml. Mae hyn yn cael effaith wedyn ar ffactorau eraill, fel canfod gweithwyr cyflogedig. Os oes prinder tai, mae'n anochel y bydd rhai pobl yn cael eu rhoi mewn tai anaddas.

● I ba raddau y mae tai ar gael – a ydyw'n hawdd i bobl brynu, rhentu neu adeiladu tai eu hunain am brisiau fforddiadwy. Collodd y sector tai rhent lawer o eiddo yn y ddinas fewnol (a stadau ar gyrion y ddinas) oherwydd y polisi hawl i brynu. Mae prisiau'n codi mewn llawer o ddinasoedd ac mae pobl yn methu fforddio prynu eu tŷ cyntaf. Felly, mae cael tai cymdeithasol fforddiadwy mewn

- dinasoedd yn y gwledydd MEDd yn hollbwysig er mwyn datrys problemau tai y ddinas fewnol.
- Yr ystod o denantiaid – amrywiaeth y tai. Mae cael cyflenwad tai gyda chydbwysedd da o berchenogion preswyl, tai preifat wedi'u rhentu a thai cymdeithasol i ateb y galw yn hollbwysig ym mhob dinas.
- Cynnydd mewn digartrefedd o ganlyniad i ddiweithdra, pobl yn methu talu morgeisi a theuluoedd yn chwalu.

Gwirio gwybodaeth 33

Beth yw ystyr 'amddifadedd lluosog'?

Y sefyllfa dai yn parhau i ddirywio i dlodion trefol

Tra bod pobl gyfoethog yn gallu dewis ble i fyw, mae darparu tai gweddus i boblogaeth dlawd y cymdeithasau trefol yn sialens fawr. Ychydig iawn o ddewis, os o gwbl, sydd gan bobl ar incwm isel, ac maen nhw'n gorfod rhentu cartrefi heb fawr o sicrwydd daliadaeth neu ddiogelwch rhag cael eu troi allan yn sydyn neu yn erbyn eu hewyllys. Mae'n rhaid i bobl dlawd fyw mewn tai annigonol, er enghraifft mewn tyrau o fflatiau neu mewn fflat gorlawn. Fel rheol, nid yw'r tai mewn ardaloedd diogel ac mae ganddynt lawer o broblemau yn aml sy'n rhwystro trigolion rhag cael gafael ar gredyd. Er gwaethaf ymdrechion llywodraeth genedlaethol a llywodraeth leol, mae'r problemau mewn llawer o ddinasoedd yn gwaethygu yn hytrach na gwella oherwydd prinder tai gweddus mewn lleoliad da sydd hefyd yn fforddiadwy. Mae'n rhaid i lawer o bobl deithio'n bell i'r gwaith er mwyn dod o hyd i dai rhesymol. Fel y gwelir yn Ffigur 24, nid yw pob ardal â thai gwael wedi'i lleoli yn y ddinas fewnol.

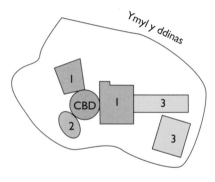

Atebion arferol
(1) • Adfywio'r ddinas fewnol
   • Clirio slymiau
   • Lleihau uchder fflatiau uchel
   • Ardaloedd gweithredu ar dai
(2) Cynlluniau her y dinasoedd neu Gyllideb Adfywio Sengl ar gyfer pob ardal gan gynnwys ardaloedd y cyngor ar gyrion y ddinas
(3) Boneddigeiddio rhai ardaloedd – nid bod hyn yn ateb i broblemau tai ond mae'n gwella'r amgylchedd
(4) Ail-drefoli ardaloedd diffaith i ddarparu ardaloedd sy'n uwch eu gwerth a'u hansawdd

(1) Ardaloedd o'r ddinas fewnol, cymysgedd o slymiau o'r bedwaredd ganrif ar bymtheg wedi'u hailddatblygu a fflatiau uchel modern
(2) Ardaloedd trawsnewidiol o'r ddinas fewnol; mae hen filâu wedi'u trawsnewid yn fflatiau un ystafell a chartrefi aml-osod
(3) Stadau cyngor ar gyrion y ddinas, llawer ohonynt yn ddifreintiedig iawn

Ffigur 24 Ardaloedd â thai gwael mewn dinas mewn gwlad MEDd

Un ymateb i'r strategaeth o ddatblygu tai addas o fewn y ddinas fewnol yw **boneddigeiddio** (Ffigur 25). Dyma'r broses lle mae teuluoedd dosbarth canol cymharol gefnog yn symud i gymdogaethau dymunol yn y ddinas fewnol. Er bod y broses yn effeithio ar gymdogaethau, mae'n gallu effeithio ar leoedd eraill yn aml gan ledaenu'n raddol. Mae rhywfaint o foneddigeiddio'n cael ei gynllunio ar raddfa fawr fel yn hen warysau ardaloedd y dociau, e.e. ardal Wapping yn Nociau Llundain.

Pwyso a mesur boneddigeiddio

+

- Mae buddsoddi yn gwella amgylchedd ardaloedd llwm
- Mae tai'n cael eu hadnewyddu a'u gwella – gallai'r ardal fod wedi mynd yn ddiffaith
- Mae pobl gyfoethog yn symud i mewn i'r ardal ac mae'r arian sy'n cael ei wario ganddynt yn denu busnesau newydd (e.e. bariau gwin) ac yn cynyddu incwm o drethi lleol, ffioedd cymunedol ac ati
- Mae'r newidiadau yn creu cyfleoedd datblygu
- Unigolion sy'n talu amdano yn hytrach na'r cyngor – er mae'n bosibl y bydd grantiau'n cael eu defnyddio

−

- Mae cartrefi y gallai pobl dlawd eu defnyddio'n cael eu cymryd gan y broses foneddigeiddio
- Mae boneddigeiddio yn arwain at brisiau tai a rhent yn cynyddu ac felly'n lleihau'r cyflenwad tai
- Mae rhai datblygwyr yn ceisio gwneud elw o'r broses foneddigeiddio
- Mae 'iypis/dinkies' newydd yn achosi drwgdeimlad gyda thrigolion gwreiddiol y ddinas fewnol
- Er eu bod wedi symud er mwyn cymudo llai, mae gan lawer o'r dosbarth canol geir – mae parcio yn y strydoedd yn dod yn broblem fawr
- Nid yw llawer o'r gwasanaethau traddodiadol lleol, fel ysgolion a siopau bach, yn cael eu defnyddio gan y newydd-ddyfodiaid hyn
- Mae adnewyddu tai 'hanesyddol' a thai eraill yn gallu bod yn ddrud iawn

Ffigur 25 Pwyso a mesur boneddigeiddio

Mae boneddigeiddio yn elfen o'r broses **ail-drefoli** sy'n digwydd yn y ddinas fewnol er mwyn gwrthsefyll blerdwf trefol a gorddatblygu safleoedd **tir glas**. Strategaeth arall yw adeiladu mathau newydd o dai – ar gyfer swyddogion gweithredol ifanc yn bennaf – ar safleoedd **tir llwyd** fel hen ysbytai (e.e. Graylingwell, Chichester) neu golegau hyfforddi athrawon sydd wedi cau (e.e. Park Centrale, Southampton), neu adnewyddu hen adeiladau diwydiannol i greu fflatiau moethus. Mewn ardaloedd fel Dociau Llundain a Newcastle-upon-Tyne, mae tai teras o'r bedwaredd ganrif ar bymtheg yn y ddinas fewnol wedi'u dymchwel, gan ddadleoli'r boblogaeth bresennol. Yn yr ardaloedd hyn, mae datblygu tai drud yn cael ei ystyried yn rhan o'r broses gyffredinol o adnewyddu a gwella'r amgylchedd. Mae dadleoli pobl dlawd o rannau helaeth o'r ddinas fewnol, heb sylweddoli bod y bobl hyn yn elfen bwysig iawn o'r gweithlu sy'n cadw dinas i fynd, yn broblem fawr mewn dinasoedd yn y gwledydd MEDd. Gall dadleoli, ar y cyd ag amgylchiadau teuluol newidiol, fod yn fan cychwyn y cylch digartrefedd. Agwedd arall ar adfywio yw'r broses o addasu swyddfeydd gwag at ddibenion preswyl, agwedd a oedd yn cael ei argymell ar gyfer Dinas Llundain yn 2011.

Adfywio ac ailddatblygu ardaloedd trefol

Mae Ffigur 26 yn crynhoi prif bynciau adfywio.

Gall adfywio arwain at nifer o welliannau posibl:

- Mynd i'r afael â phroblemau cymdeithasol fel iechyd gwael, safonau addysgol isel neu dai o safon isel mewn **cylchfaoedd gweithredu**. Rhaglenni cymunedol oedd y rhain, er y gallent fod yn rhaglenni o'r top i lawr o ran cynllun.
- Targedu gwelliannau economaidd sy'n lleddfu tlodi ac felly'n datrys rhai problemau cymdeithasol neu'n darparu swyddi newydd, e.e. **twristiaeth drefol** yn Bradford.
- Gwella'r amgylchedd, er enghraifft mae creu amgylchedd deniadol o eiddo diffaith ar lan y dŵr yn hwb i ddatblygiad. Mae hyn wedi bod yn llwyddiannus iawn yn Barcelona ac mewn llawer o hen ardaloedd y dociau.

Gwirio gwybodaeth 34

Beth yw adfywio safleoedd tir llwyd?

- **Gwella delwedd** neu **atgyfnerthu trefol** neu **ail-frandio** – trwy raglenni hyrwyddo er mwyn newid canfyddiadau pobl o'r tu allan (sy'n hollbwysig i ddenu buddsoddiad o'r tu allan). Mae'n seiliedig yn aml ar hyrwyddo cyfleusterau diwylliannol a chwaraeon, e.e. cynnal digwyddiadau hwylio Gemau Olympaidd 2012 yn Weymouth.
- **Datblygu projectau blaenllaw** – Parc Olympaidd Llundain 2012 (gan gynnwys pentref yr athletwyr a Chanolfan Siopa Westfield Stratford City), datblygiadau glan y dŵr (Bae Caerdydd ac adeilad Cynulliad Cymru) a chanolfannau cynadledda (Doc Albert, Lerpwl). Y cwestiwn allweddol yn y cyswllt hwn yw i ba raddau y mae'r projectau hyn o fantais uniongyrchol i bobl yr ardal. Yn ogystal, mae llawer o arian yn cael ei wastraffu os yw projectau'n aflwyddiannus (e.e. arena'r O2 am sawl blwyddyn ar ôl 2000).

Gwirio gwybodaeth 35

Beth yw ystyr 'atgyfnerthu'?

Mae nifer o lywodraethau wedi mynd ati'n gyson i geisio adfywio ardaloedd trefol sy'n dirywio. Mae'r astudiaeth achos Brydeinig isod yn crynhoi'r camau a'r cynlluniau. Mae cynlluniau o'r fath yn adlewyrchu gogwydd gwleidyddol y llywodraeth sydd mewn grym.

Amgylchedd
- Ailddatblygu ardaloedd helaeth o dir diffaith, yn bennaf yn y gylchfa sy'n trawsnewid o gwmpas y CBD ac mewn ardaloedd trefol bach
- Glanhau tir sydd wedi'i halogi a dŵr llygredig sy'n rhwystro datblygiad

Llywodraeth
- Materion pwysig – dadrithiad cynyddol etholwyr
- Dadryddfreinio, diffyg diddordeb, pobl dlawd drefol yn dod yn fwyfwy ynysig

Diwylliannol gymdeithasol
- Mae dinasoedd yn mynd yn fwy rhanedig, gyda'r cyfoethog a'r tlawd yn cael eu polareiddio
- Mae bron yn amhosibl adfywio getos ac ardaloedd sy'n dioddef all-gau cymdeithasol, hyd yn oed gyda buddsoddiad anferth

Y problemau

Economaidd
- Gostyngiad enfawr yn nifer y swyddi oherwydd dad-ddiwydianeiddio
- Mae grymoedd allgyrchol wedi denu diwydiant i safleoedd tir glas lled-wledig
- Canlyniadau diweithdra uchel iawn neu dangyflogaeth mewn swyddi cyflog isel

Delwedd
- Mae delwedd negyddol gan lawer o hen ddinasoedd diwydiannol ac maen nhw'n ymddangos fel lleoedd diffaith, budr a pheryglus oherwydd troseddu, sydd wedi dadfeilio ac yn ddifreintiedig, nid lle ar gyfer buddsoddiad

Ffigur 26 Prif faterion adfywio

Cyfnodau adfywio trefol yn y DU

Cyfnod 1: adferiad ar ôl y rhyfel – canolbwyntio ar dai 1947-67

Y prif amcan oedd darparu tai ar gyfer pobl. Cafodd llawer o ddinasoedd eu bomio'n ddrwg.

- Diolch i raglenni **Ardaloedd Ailddatblygu Cynhwysfawr (CDA: Comprehensive Redevelopment Area)**, cafodd slymiau eu dymchwel ac ail-gartrefwyd pobl mewn fflatiau uchel (tyrau o fflatiau). Ar yr un pryd, adeiladwyd stadau cyngor iwtalitaraidd ar gyrion y maestrefi (e.e. Leigh Park a Paulsgrove, Portsmouth). Tai parod – cartrefi brys – oedd rhai o'r tai newydd a godwyd.
- **Trefi Newydd** – er nad oedd y rhain yn y ddinas fewnol, roeddent yn rhan o'r broses a dynnodd y boblogaeth o'r ddinas fewnol, e.e. Cwmbrân a Crawley. Yn ogystal, cafodd **Trefi Ehangedig**, e.e. Andover, eu cynllunio ar gyfer y gorlif o'r ardaloedd trefol gan ddarparu amgylcheddau a ystyriwyd ar y pryd yn rhai safonol.

Er gwaethaf yr ymdrechion hyn, roedd prinder tai o hyd mewn sawl ardal ac roedd y lleoedd byw o ansawdd gwael. Nid oedd digon o waith ailddatblygu i ymdopi â'r holl ddirywiad, ac roedd y gwaith o glirio'r slymiau yn creu ardaloedd o ddiffeithdra.

Cyfnod 2: gweithredu cymdeithasol ac economaidd 1967-77

Dechreuwyd canolbwyntio ar gylchfaoedd y ddinas fewnol lle'r oedd **datganoli** a **dad-ddiwydianeiddio** wedi digwydd. Cymhlethwyd rhai o'r problemau wrth i fewnfudwyr gyrraedd lleoedd fel Brixton (Llundain), Chapeltown (Leeds) a Moss Side (Manceinion).

- Yn 1968, yn sgil y **Rhaglen Cymorth Trefol** sefydlwyd grantiau gan y llywodraeth ar gyfer amrywiaeth o brojectau bach mewn ardaloedd difreintiedig: adnewyddu tai, canolfannau cyngor ac ysgolion meithrin, yn ogystal â phrojectau datblygu cymunedol.
- Sefydlwyd **Ardaloedd Gwelliannau Cyffredinol (GIAs: General Improvement Areas)** yn 1969 ac **Ardaloedd Gweithredu ar Dai (HAA: Housing Action Areas)** yn 1974.
- Sefydlwyd **Ardaloedd o Flaenoriaeth Addysgol (EPAs: Education Priority Areas)** yn 1967 a **Rhaglenni Gweithredu Cymunedol (CAPs: Community Action Programmes)** yn 1974, yn ogystal ag amrywiaeth o fentrau bach eraill wedyn.

Cafwyd llawer o syniadau, ond prin iawn oedd y gwaith cydlynu ac roedd y cyllid yn annigonol. O ganlyniad, roedd yn anodd gweld unrhyw fuddion tymor hir a phendant.

Cyfnod 3: Canolbwyntio ar y ddinas fewnol 1977-90

Sylweddolodd y llywodraeth fod angen sylw ar broblemau'r ddinas fewnol ac aeth ati i ganolbwyntio ar adfywio economaidd, gwella'r amgylchedd a chreu gwasanaethau i gymunedau.

- Cafodd **Ardaloedd Partneriaeth** (e.e. Salford) gyllid blynyddol gan y llywodraeth ganolog ar gyfer 23 rhaglen, gan gynnwys ardal Govan yn Glasgow.
- Yn 1981, sefydlwyd **Corfforaethau Datblygu Trefol (UDCs: Urban Development Corporations)** i ddatblygu eiddo ac adfywio darnau mawr o dir (e.e. Dociau Llundain a Bae Caerdydd). Roedd gan yr *UDCs* bwerau tebyg i awdurdodau Trefi Newydd ac roeddent yn atebol i'r llywodraeth ganolog. Roedd y materion dan sylw yn cynnwys: creu swyddi, gorddibyniaeth ar ddatblygu eiddo (a oedd yn fanteisiol dim ond pan oedd prisiau'n codi), lleihau grymoedd llywodraeth leol, ac arian cyhoeddus i annog datblygu preifat.
- Yn 1981, cyflwynwyd **Ardaloedd Menter (EZs: Enterprise Zones)**. Roedd y rhain yn cynnwys ardaloedd bach o dan 450 hectar ac roedd disgwyl iddynt gynnig cymhellion arbennig i ddenu diwydiannau uwch-dechnoleg drwy lacio rheoliadau cynllunio. Roeddent wedi'u lleoli mewn ardaloedd o ddiweithdra uchel, e.e. Gateshead a Lower Don Valley, Sheffield. Roedd ansicrwydd ynglŷn â nifer y swyddi newydd a gafodd eu creu wrth i swyddi symud i'r ardaloedd menter gan leihau swyddi yn yr ardaloedd cyfagos. Methodd llawer o ardaloedd â denu datblygiadau newydd.
- Sefydlwyd **cyrchluoedd (task forces)** i weithredu fel melinau trafod er mwyn rhoi llawer o gymorth a grantiau i ardaloedd difreintiedig (e.e. St Paul's, Bryste, a Moss Side, Manceinion).

Cyfnod 4: Agosáu at y Mileniwm 1990-2009

Roedd y cyfnod hwn yn gysylltiedig â cheisiadau cystadleuol – y projectau gorau oedd yn derbyn yr arian.

- Daeth cyrff preifat, cyhoeddus a gwirfoddol at ei gilydd yn rhan o **Her y Dinasoedd 1991**. Roedd gan yr ardaloedd perthnasol ddiweithdra uchel, sylfaen sgiliau isel, diffeithdra amgylcheddol a thai'n dirywio (Wolverhampton) ac angen gwneud gwelliannau i dai (Hulme, Manceinion). Er y cafwyd llawer o brojectau da diolch i fuddsoddiad da o'r sector preifat a syniadau llawn dychymyg, roedd yr holl gystadlu yn gwastraffu amser ac egni.

- Yn 1994, cyflwynwyd y **Gyllideb Adfywio Sengl (SRB: Single Regeneration Budget)** i gydlynu'r holl ffynonellau cyllido a chreu project adfywio cydlynol. Roedd Cobridge, Stoke-on-Trent (yn cynnwys ardal y puteindai) yn enghraifft o gynllun dinas fewnol da.
- Cafwyd ymateb cymysg i **gynlluniau'r Mileniwm** fel Stadiwm y Mileniwm yng Nghaerdydd a'r Millennium Dome (stadiwm O2) yn Greenwich.

Cyfnod 5: Ymyriad y wladwriaeth yn encilio 2010-

- Ymgeisiwyd am 11 **Ardal Fenter** yn Lloegr fel rhan o Gynllun Twf 2011 ym Manceinion, Birmingham, Glannau Mersi a Newcastle, gan Bartneriaethau Mentrau Lleol i gael mesurau economaidd i ddatrys problemau trefol trwy gynnig cymhelliant treth i fuddsoddiadau preifat a chreu swyddi.
- Ail don o 11 **Ardal Fenter** yn defnyddio hen dir milwrol, e.e. Ardal Fenter Solent ym Maes Glanio Daedalus yn Gosport, a Maes Glanio Alconbury ger Huntingdon yn Swydd Gaergrawnt, yn canolbwyntio ar ddiwydiannau gwyddonol, e.e. Campws Gwyddoniaeth Daresbury yn Warrington.
- Symleiddio'r system gynllunio, gan ragdybio y bydd pob datblygiad yn gynaliadwy ac yn gynhenid fanteisiol, er mwyn cynyddu nifer y tai sydd ar gael ac ateb y galw.

Mae 3 phwynt yn dod i'r amlwg yn yr astudiaeth achos uchod:

(1) Swyddogaeth gynyddol y llywodraeth ganolog yn y ddinas fewnol, ynghyd â …

(2) Rhagor o fuddsoddiad preifat sydd fel arfer yn deillio o 'arian sefydlu' neu 'arian cyfatebol' y llywodraeth.

(3) Llai o ddefnydd o gynlluniau cymdeithasol, gyda chonsenswis economaidd yn cael ei ystyried yn allwedd i welliant.

Mae nifer o feini prawf yn cael eu defnyddio wrth werthuso adfywiad trefol, yn enwedig: a gafodd amcanion cynllun penodol eu cyflawni, ac a gafodd y targedau eu cyrraedd o fewn y cyfnod ariannu penodol?

Mae Ffigur 27 yn nodi fframwaith gwerthuso. Dylech ei ddefnyddio ar gyfer y cynllun adfywio trefol o'ch dewis (e.e. Bae Caerdydd, SA1 Abertawe). Er bod cynlluniau wedi llwyddo mewn rhai ardaloedd – mae delwedd dinasoedd fel Glasgow a Birmingham wedi newid yn llwyr – mae nifer o bryderon wedi'u mynegi ynglŷn ag adfywio mewn dinasoedd eraill, yn enwedig cynlluniau o dan ofal y Corfforaethau Datblygu Trefol (e.e. Dociau Llundain).

Gwirio gwybodaeth 36

Beth yw Ardaloedd Menter?

Cyngor yr arholwr

Ble mae'r ardaloedd menter diweddaraf wedi'u lleoli? Pam eu bod wedi'u lleoli yno?

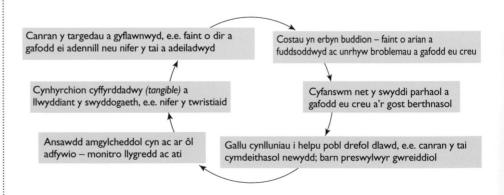

Ffigur 27 Fframwaith gwerthuso ar gyfer adfywiad trefol

Datrys problemau traffig y ddinas fewnol

Yr hyn sy'n dilyn yw atebion i broblemau traffig y ddinas fewnol sydd wedi'u rhestru yn Nhabl 8:

- Adeiladu ac ailgynllunio cynlluniau ffyrdd a thrafnidiaeth – nid yw hyn yn ymarferol iawn yn y ddinas fewnol oherwydd bod ardaloedd yn cael eu gwahanu oddi wrth ei gilydd.
- Hyrwyddo cludiant cyhoeddus – tramiau, lonydd i fysiau.
- Rheoli'r traffig gan gynnwys camau sy'n gostegu traffig a'i atal rhag gwibio trwy strydoedd y ddinas fewnol, a thaliadau atal tagfeydd.
- Ceisio atal y defnydd o geir preifat a lleoedd parcio di-dâl yn y ddinas fewnol.
- Gwneud dinasoedd yn fwy cywasgedig, gan gynnwys yr ardaloedd mewnol.
- Gwneud dinasoedd yn fwy addas i feicwyr.

Gwirio gwybodaeth 37
Beth oedd Ardaloedd Datblygu Cynhwysfawr a Threfi Ehangedig?

2.4 Beth yw'r materion sy'n cael eu hwynebu yn y CBD?

Natur y CBD

Mae canol busnes y dref (*CBD: central business district*) yn fwy amlwg mewn dinasoedd mawr. Gall ardaloedd amrywiol ddatblygu o fewn y CBD, o ganlyniad i'r newidiadau yn y gymdeithas a'r economi ac ymateb llywodraethau'r dinasoedd i'r newidiadau hynny. Ardaloedd allweddol canol y ddinas yn Ewrop yw:

- Hen ganolfan a oedd yn graidd canoloesol y ddinas, sy'n cynnwys yr eglwys gadeiriol neu brif eglwys a hen dafarndai'r goets, yr hen farchnad stryd a rhai swyddogaethau adloniadol fel tai bwyta.
- Y craidd adwerthu modern sydd, o bosibl, wedi datblygu o'r craidd hanesyddol. Dyma gartref y siopau cadwyn mawr cenedlaethol sydd wedi arwain pobl i gyfeirio at y Stryd Fawr fel **trefi clôn** oherwydd bod pob siop yn cyflwyno'r un ddelwedd i'r cyhoedd ym mhob tref. Yng nghraidd yr ardal adwerthu bydd y swyddogaeth yn cynnwys pob llawr. Bydd llif cerddwyr (**nifer yr ymwelwyr**) hefyd ar ei fwyaf yn yr ardal hon. Mae'n bosibl y bydd rhai dinasoedd yn cadw rhywfaint o'u hen bensaernïaeth adwerthu, e.e. arcedau dan do yng Nghaerdydd a Leeds. Gall yr ardal hefyd gynnwys canolfan aml-lawr fodern, e.e. Dewi Sant 2 yng Nghaerdydd a'r Arndale ym Manceinion.
- Mae gan rai dinasoedd ardaloedd bach o siopau arbenigol sy'n methu fforddio rhent uchel y craidd mewnol.
- **Lled-adwerthu** yw'r enw am fanciau, cymdeithasau adeiladu a busnesau ariannol eraill sydd wedi'u lleoli mewn ardaloedd ar wahân mewn dinasoedd maint canolig.
- Mae ardal y swyddfeydd wedi tyfu i fod yn rhan ar wahân o'r CBD modern. Y mwyaf yw poblogaeth y ddinas, y mwyaf yw graddfa'r maes cyflogaeth hwn. Yn y dinasoedd mwyaf, mae'n bosibl y bydd swyddfeydd yn cael eu lleoli mewn ardaloedd penodol, er enghraifft, gall gweithwyr proffesiynol y gyfraith fod mewn ardal benodol, wrth ymyl y llysoedd o bosibl. Gall ardaloedd ar wahân ddatblygu ar gyfer broceriaid stoc a'r maes yswiriant, e.e. Dinas Llundain.
- Mae gan rai trefi a dinasoedd ardaloedd y llywodraeth sy'n gartref i swyddfeydd y cyngor, yr heddlu a'r llysoedd barn. Bydd yr adeiladau hyn yn rhan bwysig o ardal ganolog y brifddinas, fel San Steffan, Whitehall a Stryd Fictoria yn Llundain a'r swyddfeydd gweinyddol i'r gogledd o ganol Caerdydd.
- Un o nodweddion y CBD modern yw ardal adloniadol sy'n cynnwys tai bwyta, tafarndai a chlybiau. Yn ystod y dydd mae'r ardaloedd hyn yn gweithredu i gefnogi'r CBD, ond yn y nos maen nhw'n gallu troi'n ardaloedd nad yw pobl eisiau mentro iddynt.

Mae ardaloedd fel parciau Fictoraidd yn gallu amharu ar dwf ac mae afonydd yn rhwystr naturiol i dwf, ac eithrio yn y dinasoedd mwyaf. Gall llinellau rheilffordd amharu ar dwf hefyd. Mae'n debyg na fydd rhai o'r pethau hyn yn bresennol mewn CBD yng Ngogledd America a rhannau eraill o'r byd.

Mae'r CBD yn cael ei amgylchynu gan **Ffrâm neu Gylchfa sy'n Trawsnewid** rhwng y CBD a'r ddinas fewnol (Ffigur 28).

Y CBD newidiol

Mae'r rhan fwyaf o CBDau mewn dinasoedd yn y gwledydd MEDd o dan fygythiad ar hyn o bryd am chwe phrif reswm:

(1) Colli swyddogaethau adwerthu i ganolfannau siopa ar gyrion y dref a **pharciau adwerthu**, a dirywiad y Stryd Fawr draddodiadol.

(2) Colli swyddfeydd i leoliadau maestrefol neu ymylol mewn **parciau gwyddoniaeth** poblogaidd.

(3) Natur y CBD ei hun, sy'n dod yn fwyfwy anodd i'w gyrraedd oherwydd tagfeydd, yn enwedig gan fod y rhan fwyaf o'r boblogaeth yn byw mewn ardaloedd maestrefol. Yn yr un modd, mae costau rhent a'r dreth gyngor yn uchel yn y CBD, a dim ond busnesau mawr sy'n gallu eu fforddio. O ganlyniad, mae grymoedd allgyrchol yn dechrau rheoli.

(4) Effeithiau gwasgfa gredyd 2008/09 wrth i siopau cadwyn adwerthu gau, e.e. Woolworths yn y DU, a'r sector ariannol leihau.

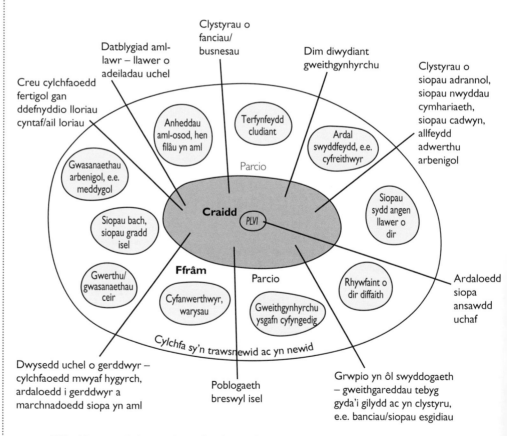

PLVI = Llain tir uchaf ei werth – y rhan brysuraf a mwyaf hygyrch o CBD gyda'r trethi uchaf

Ffigur 28 Nodweddion allweddol craidd a ffrâm y CBD

(5) Twf ardaloedd adloniadol canolog gan gynnwys amgueddfeydd, theatrau ac orielau.

(6) Poblogrwydd cynyddol siopa ar y rhyngrwyd, sy'n lleihau nifer yr ymwelwyr â'r ardaloedd canolog.

Gwirio gwybodaeth 38

Beth yw lled-adwerthu?

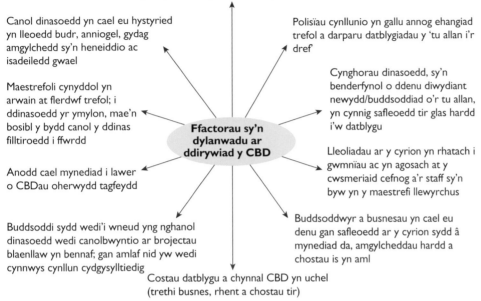

Cynnydd mewn perchenogaeth ceir yn arwain at fwy o symudedd personol a siopa 'hamdden'

Canol dinasoedd yn cael eu hystyried yn lleoedd budr, anniogel, gydag amgylchedd sy'n heneiddio ac isadeiledd gwael

Maestrefoli cynyddol yn arwain at flerdwf trefol; i ddinasoedd yr ymylon, mae'n bosibl y bydd canol y ddinas filltiroedd i ffwrdd

Anodd cael mynediad i lawer o CBDau oherwydd tagfeydd

Buddsoddi sydd wedi'i wneud yng nghanol dinasoedd wedi canolbwyntio ar brojectau blaenllaw yn bennaf; gan amlaf nid yw wedi cynnwys cynllun cydgysylltiedig

Ffactorau sy'n dylanwadu ar ddirywiad y CBD

Polisïau cynllunio yn gallu annog ehangiad trefol a darparu datblygiadau y 'tu allan i'r dref'

Cynghorau dinasoedd, sy'n benderfynol o ddenu diwydiant newydd/buddsoddiad o'r tu allan, yn cynnig safleoedd tir glas hardd i'w datblygu

Lleoliadau ar y cyrion yn rhatach i gwmnïau ac yn agosach at y cwsmeriaid cefnog a'r staff sy'n byw yn y maestrefi llewyrchus

Buddsoddwyr a busnesau yn cael eu denu gan safleoedd ar y cyrion sydd â mynediad da, amgylcheddau hardd a chostau is yn aml

Costau datblygu a chynnal CBD yn uchel (trethi busnes, rhent a chostau tir)

Ffigur 29 Ffactorau sy'n dylanwadu ar ddirywiad y CBD

Adfywio canol y ddinas

Mae nifer o strategaethau wedi'u dyfeisio i wneud yn siŵr bod canol y ddinas yn lle bywiog o hyd:

- Defnyddio tîm busnes a marchnata'r ddinas i gydgysylltu'r gwaith o reoli canol y ddinas a hybu digwyddiadau arbennig.
- Creu ardaloedd i gerddwyr er mwyn gwella diogelwch a darparu amgylchedd siopa mwy deniadol gyda dodrefn stryd, arddangosiadau blodau a thirlunio newydd.
- Annog y broses o adeiladu marchnadoedd/canolfannau siopa pob tywydd (wedi'u haerdymheru yn yr haf a'u gwresogi yn y gaeaf) mewn lleoliadau allweddol yng nghanol y ddinas, gan ddarparu lle parcio yn aml hefyd.
- Annog datblygu ardaloedd arbenigol, gan gynnwys marchnadoedd stryd agored deniadol, ardaloedd diwylliannol ac arcedau arbenigol sy'n gwerthu nwyddau o ansawdd uchel fel bwyd organig a chrefftau lleol.
- Gwella cysylltiadau cludiant cyhoeddus fel ei fod yn bosibl cyrraedd yr ardal ganolog i gerddwyr yn gyflym, e.e. parcio a theithio, bysiau i siopwyr.
- Cynllunio meysydd parcio i hwyluso mynediad i ganol y ddinas a rheoli costau ac amseroedd parcio.
- Gwella diogelwch canol y ddinas trwy ddefnyddio teledu cylch cyfyng (*CCTV*).
- Datblygu cyfleusterau hamdden a diwylliant newydd.
- Hybu gweithgareddau twristiaeth er mwyn annog pobl i wario mwy o arian trwy **warchod y dreftadaeth** – defnyddiwyd y strategaeth hon yn effeithiol yng Nghaerfaddon, Efrog, Caer a Chaergrawnt.

Yn UDA, lle mae marchnadoedd siopa yn gyffredin iawn, mae galw mawr am adfer ac adfywio canol trefi wrth i gynllunwyr a'r cyhoedd ddod i ddeall peryglon canol dinasoedd gwag (**effaith** *urban doughnut*).

Cyngor yr arholwr

Dylech gasglu cymaint o enghreifftiau o'r cynlluniau hyn â phosibl o'ch tref neu eich dinas leol.

Ymestyn oriau agor canol y ddinas

Mae canol dinasoedd Prydain yn 'farw' ac yn beryglus yn y nos yn aml. Mae'n bosibl y byddai annog siopwyr i aros yn hirach a chael rhywbeth i'w fwyta yn bywiogi canol y ddinas. Dyma rai cynlluniau posibl:

- Cynnal digwyddiadau siopa fel marchnadoedd ffermwyr a Ffeiriau Nadolig.
- Siopa gyda'r hwyr ac ar ddydd Sul.
- Datblygiadau adwerthu newydd o gwmpas prif siop boblogaidd, e.e. West Quay, Southampton, gyda John Lewis fel y canolbwynt ac IKEA gerllaw.
- Cynllunio ar gyfer amrywiaeth ehangach o gyfleusterau hamdden fel caffis, lleoliadau cerddoriaeth, theatrau a sinemâu sy'n gyrchfannau poblogaidd gyda'r nos. Bydd rhai ohonynt ar gyrion y CBD.
- Hybu gweithgarwch stryd drwy ganiatáu i gaffis ddefnyddio gofod ar y stryd (dim ond yn yr haf y bydd hyn yn ymarferol yn y DU).
- Datblygu bywyd nos a chlybiau – ond gall y costau fod yn fwy na'r manteision.
- Cynllunio thema ar gyfer ardal, fel y 'Gaybourhood' yn Philadelphia neu ardaloedd diwylliannol Stoke a Sheffield.
- Ailgyflwyno anheddau i'r canol sydd wedi marw – fflatiau i'w rhentu uwchben siopau neu addasu hen adeiladau yn fflatiau (enghraifft o foneddigeiddio) ar gyfer gweithwyr sy'n derbyn incwm uwch.

Mae'r rhan fwyaf o reolwyr dinasoedd yn defnyddio amrywiaeth o'r strategaethau hyn ac mae siopwyr yn cael eu denu yn ôl i ganol y ddinas. Mae'n bosibl gweithredu'r strategaethau hyn ar y cyd â rheoli caniatâd a chyfyngu'r nifer o ganolfannau siopa maestrefol (e.e. Westfield Stratford City Mall, Newham sy'n 1.9 m troedfedd sgwâr), y tu allan i'r dref a marchnadoedd siopa enfawr fel Canolfan Trafford, Manceinion.

Mae astudiaethau o effaith marchnadoedd siopa enfawr ar ganol trefi traddodiadol yn nodi mai'r trefi bach sy'n cael eu heffeithio fwyaf. Er enghraifft, mae Merry Hill yng Ngorllewin Canolbarth Lloegr wedi cael llawer mwy o effaith ar Dudley nag ar Birmingham.

Ateb Cwestiwn 3c trwy astudio CBD

I ateb cwestiwn 3c yn yr arholiad, bydd angen i chi ysgrifennu am **eich astudiaeth eich hun o destun ym maes daearyddiaeth ddynol**. Bydd disgwyl i chi gasglu gwybodaeth, gwybod am ffynonellau gwybodaeth, wedi magu sgiliau mapio ac arsylwi maes, dehongli gwybodaeth gan sylweddoli y gall fod yn unllygeidiog, a dod i gasgliadau ar sail y wybodaeth honno. Mae'r CBD yn gyfle delfrydol i chi ddatblygu'r sgiliau hyn trwy ymarferiad maes.

Astudiaethau CBD posibl

(1) Dadansoddi adwerthu yn y CBD (e.e. Amwythig).

(2) Dosbarthiad un math o ganolfan adwerthu mewn CBD mawr (e.e. Caerdydd).

(3) Pa siopau sydd wedi cau a ble mae'r siopau gwag? Roedd 26% o siopau Casnewydd yn wag ym mis Medi 2011, a byddai hon yn enghraifft dda i'w hastudio.

(4) Llifoedd cerddwyr a gwahanol fathau o adwerthu.

Cyngor yr arholwr

Wrth gwblhau'r rhan hon o'ch astudiaeth o Amgylcheddau Dynol Newidiol, dylech gadw at ddilyniant yr astudiaeth a all o bosibl gael ei addasu gan eich athro.

(5) Marchnadoedd stryd a llifoedd cerddwyr pan fydd y farchnad ar agor ac ar gau.

(6) Sut mae adwerthu'n wahanol ar strydoedd â cherddwyr a strydoedd â thraffig, neu rhwng arcedau, strydoedd a chanolfannau dan do (e.e. yng Nghaerdydd neu Leeds).

(7) Dadansoddi dosbarthiad allfeydd adwerthu mewn canolfan newydd dan do (e.e. Canolfan Dewi Sant neu Westfield Mall).

(8) Dosbarthiad banciau, cymdeithasau adeiladu a gwasanaethau ariannol eraill.

(9) Natur newidiol hamdden yn y CBD.

(10) Hamdden yn y dydd a'r nos.

(11) Natur y ffrâm CBD.

(12) A oes cylchfa wrthod?

(13) A yw'r ganolfan yn 'dref glôn'?

Llwybr yr astudiaeth

(a) Cynllunio'r astudiaeth

(1) Darllen am y CBD mewn gwerslyfrau a chylchgronau.

(2) Penderfynu ar destun sydd naill ai'n faes astudiaeth (e.e. diffinio ymyl y CBD), neu'n gwestiwn yr ydych eisiau ei ateb (e.e. a yw siopau'n clystyru yn y CBD?)

(3) Cynllunio sut byddwch yn dod o hyd i'r wybodaeth a'r data o ffynonellau cynradd (gwaith maes/holiaduron) ac eilaidd (cynlluniau Goad) er mwyn gallu ateb eich testun ymchwil. Nodi'r categorïau o siopau yr ydych eisiau eu mapio. Paratoi taflenni casglu data. A oes angen pobl eraill i'ch helpu?

(b) Cwblhau'r gwaith maes/casglu'r data

(1) Cofnodi eich data ar ddalennau data a/neu fapiau. Nodi eich dull samplu.

(2) Nodi'r diffygion neu'r gwallau yn eich dulliau casglu data.

(c) Prosesu'r wybodaeth

(1) Mapio'r dosbarthiadau. Deall beth mae'r wybodaeth yr ydych wedi'i chasglu yn ei ddweud am glystyrau'r mathau o siopau yr ydych yn eu hastudio. Pa mor gywir yw'r wybodaeth? A yw'n dangos tuedd? Os ydyw, pam?

(2) Ceisio prosesu data mewn ffordd ystadegol.

(ch) Ysgrifennu 1000 o eiriau am eich astudiaeth

(1) Trefnu'r wybodaeth a'r data mewn ffordd sy'n ateb eich cwestiwn, er enghraifft: Pa siopau sy'n clystyru – siopau esgidiau? A yw siopau mawr yn clystyru? Pam mae rhai'n clystyru tra bod eraill wedi'u gwasgaru?

(2) Tynnu casgliadau o'ch canlyniadau.

Cyngor yr arholwr
Dylid astudio testunau 9, 10, 11 ac 12 fel grŵp am resymau diogelwch.

Cyngor yr arholwr
Dylech wneud yn siŵr bod gennych y mapiau priodol. Ni fydd eich dadansoddiad yn drylwyr os ydych yn defnyddio brasluniau.

Cyngor yr arholwr
Mae'n bosibl y bydd cwestiwn yn yr arholiad am y diffygion neu'r gwallau yn eich dulliau casglu data.

Cyngor yr arholwr
Ni fydd yr arholiad yn gofyn i chi am brosesu ystadegol, ond mae angen i chi wybod beth mae'r prosesu ystadegol yn ei ddangos.

Cyngor yr arholwr
Dylech fod yn gyfarwydd â'ch casgliadau bob amser gan y byddant yn argyhoeddi'r arholwr eich bod yn gwybod llawer am y testun.

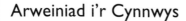

(d) Gwerthuso eich gwaith

(1) Gwerthuso pob cam o'ch astudiaeth er mwyn ateb cwestiynau am ddilyniant eich astudiaeth yn yr arholiad.

(2) Gwerthuso eich tystiolaeth a'ch casgliadau mewn perthynas â'r hyn a ddarllenwyd gennych ar y dechrau a'r hyn rydych wedi'i ddarganfod. Mae'n bosibl y bydd angen newid y testun neu'r cwestiwn a ofynnwyd gennych fel bod eraill yn gallu deall y testun yn well yn y dyfodol.

Cwestiynau posibl yn ymwneud â'ch astudiaeth

Cam (a)

(1) Nodwch sut aethoch ati i gynllunio eich astudiaeth o amgylchedd dynol newidiol.

(2) Nodwch gamau cynllunio ar gyfer astudiaeth a wnaethoch o amgylchedd dynol newidiol.

Cam (b)

(1) Disgrifiwch y dulliau a ddefnyddiwyd gennych i gasglu data a gwybodaeth ar gyfer astudiaeth a wnaethoch o amgylcheddau dynol newidiol.

(2) Gwerthuswch y dulliau casglu data a ddefnyddiwyd gennych ar gyfer astudiaeth a wnaethoch o amgylcheddau dynol newidiol.

Cam (c)

(1) Gwerthuswch y dulliau a ddefnyddiwyd i gyflwyno gwybodaeth yn eich astudiaeth.

(2) I ba raddau a pham roedd y wybodaeth a gasglwyd gennych ar gyfer yr astudiaeth o amgylcheddau dynol newidiol yn dangos tuedd?

Cam (ch)

(1) Nodwch y casgliadau a wnaethoch ar gyfer yr astudiaeth o amgylcheddau dynol newidiol.

(2) Trafodwch brif ganfyddiadau astudiaeth a wnaethoch o amgylcheddau dynol newidiol.

Cam (d)

(1) I ba raddau mae'n bosibl gwella dilysrwydd y casgliadau a wnaethoch o'r astudiaeth o amgylcheddau dynol newidiol?

(2) Ceisiwch werthuso'r dilyniant ymholi a ddefnyddiwyd gennych ar gyfer astudiaeth a wnaethoch o amgylcheddau dynol newidiol.

Gallech ateb pob un o'r cwestiynau hyn drwy gynnal astudiaeth o CBD.

Gwirio gwybodaeth 39

Beth yw ystyr y term 'gwerthuso'?

Cyngor yr arholwr

Dylech ddefnyddio'r dilyniant hwn beth bynnag yw eich astudiaeth. Gwnewch yn siŵr bod eich astudiaeth wedi ymdrin â'r holl gamau hyn.

2.5 Ym mha ffordd mae'r cyrion gwledig-trefol yn newid a pham?

Mae'r cyrion gwledig-trefol yn gylchfa sy'n trawsnewid o'r ardal adeiledig i'r ardal cefn gwlad – mae'n ardal boblogaidd iawn ar gyfer sawl defnydd tir (Ffigur 30). Mae ardaloedd trefol yn ymestyn i'r cyrion gwledig-trefol yn raddol ac yn achosi llawer o bwysau a gwrthdaro.

(1) Mae'r **cyrion trefol** yn gylchfa lle mae'r faestref yn tyfu. Mae galw bob amser am dai o ansawdd uchel ar gyrion yr ardaloedd trefol – mae'r cyrion trefol yn cael eu gweld fel ardaloedd tawelach, llai llygredig, gyda llai o droseddu a thagfeydd traffig. Maen nhw hefyd o fewn cyrraedd gwasanaethau o ansawdd fel ysgolion da. Gyda golygfeydd hardd i'w gweld dros gefn gwlad, mae pobl yn credu bod byw ar gyrion y dref yn cyfuno manteision bywyd trefol a bywyd cefn gwlad. Yn gyffredinol, mae tai sy'n cael eu hadeiladu yma yn ddrutach ac yn haws i'w gwerthu. Ond wrth i'r cyrion trefol barhau i ymestyn (oni bai bod llain lais yn eu rheoli), gall y ddelfryd wledig ddiflannu'n araf ymhen rhai blynyddoedd wrth i'r olygfa agored ddiflannu a'r tir gael ei ryddhau'n raddol ar gyfer datblygiadau pellach neu gylchffyrdd.

(2) Mae'r **llain las** yn cael ei defnyddio i reoli blerdwf trefol. Tir fferm agored neu dir ar gyfer adloniant o amgylch yr ardal drefol yw'r llain las (caniateir echdynnu mwynau). Ni chaniateir datblygu yn yr ardaloedd hyn ac eithrio mewn aneddiadau sydd eisoes yn bodoli (**mewnlenwi**), neu os yw cynllunwyr yn penderfynu y bydd ehangu'r anheddiad yn cwrdd ag anghenion lleol, rhanbarthol a chenedlaethol. Enghraifft o hyn oedd Parc Gwyddoniaeth Caergrawnt a ddaeth â swyddi newydd i'r ardal. Yn ddamcaniaethol, mae cyfyngu ar dwf y llain las yn annog datblygwyr i ddefnyddio safleoedd **tir llwyd** mewn ardaloedd trefol mewnol. Mewn gwirionedd, oherwydd costau uwch datblygu safleoedd tir llwyd, mae datblygwyr yn dechrau adeiladu y tu hwnt i'r llain las mewn ardaloedd cymudo. Yr enw sy'n cael ei roi weithiau ar y broses hon yw **llam llyffant**. Mae tystiolaeth bod maint lleiniau glas yn lleihau, ond maen nhw hefyd yn gyfyngol iawn. Mae rhai awdurdodau cynllunio yn creu **lletemau glas** (*green wedges*) neu **goridorau glas**, e.e. rhwng trefi'r Ruhr yn yr Almaen, oherwydd eu bod yn caniatáu mwy o ddatblygiad a hefyd yn gwarchod cefn gwlad agored. Gan eu bod mor brin, mae unrhyw ddatblygiadau o fewn y llain las yn gwerthu am bris uchel, ac mae galw mawr iawn am dai a gafodd eu codi cyn creu'r llain las.

(3) Mae'r **ardaloedd cymudo** wedi datblygu y tu hwnt i'r llain las er mwyn ateb y galw. Mae aneddiadau noswylio mawr yn datblygu wrth ymyl traffyrdd neu ffyrdd cyflym. Mae'r gair noswylio'n cyfeirio at y ffaith mai dim ond mynd adref i gysgu mae'r cymudwyr. Yn dechnegol, gan fod y datblygiadau hyn yn digwydd mewn ardaloedd lled-wledig, maen nhw'n rhan o brosesau **gwrthdrefoli**. Ond mae'r aneddiadau hyn yn faestrefol iawn eu natur gyda stadau mawr o dai preifat, archfarchnadoedd y tu allan i'r dref a chyfleusterau hamdden. Fodd bynnag, yn yr ardaloedd sydd rhwng y prif lwybrau cludiant, mae mwy o gyfyngiadau ar ddatblygiadau i gymudwyr – i stadau bach gyda llai na 10 o dai yn aml, ffermydd hobi, addasu ysguboriau ac adnewyddu bythynnod cefn gwlad. Mae gwrthdrefoli hefyd yn digwydd wrth i gwmnïau symud i drefi bach gan fynd â'u gweithlu gyda nhw. Mae rhai pobl hefyd yn symud i'r gylchfa hon i ymddeol, ond maen nhw'n dibynnu ar dai lle mae gwasanaethau pentref sylfaenol.

(4) Y tu hwnt i'r cylchfaoedd hyn mae'r gylchfa wledig yn dechrau, lle mae pobl sy'n byw yn y ddinas yn dod ar gyfer adloniant penwythnos. Yr ardaloedd mwyaf deniadol a hygyrch sy'n wynebu'r pwysau

mwyaf. Mae **parciau gwledig** wedi'u datblygu yn y gylchfa hon ar gyfer ymwelwyr dydd yn benodol. Bwriad gwreiddiol y parciau gwledig oedd lleihau'r pwysau ar safleoedd gwerth uchel, amgylcheddol sensitif mewn Parciau Cenedlaethol.

Gwirio gwybodaeth 40

Beth yw'r gwahaniaeth rhwng llain las, lletem las a choridor glas?

Cyngor yr arholwr

Peidiwch â gwneud y camgymeriad o feddwl bod pob ardal wledig yn cydymffurfio â'r ddelfryd wledig. Ewch ati i feddwl am enghreifftiau o bentrefi yn eich ardal chi.

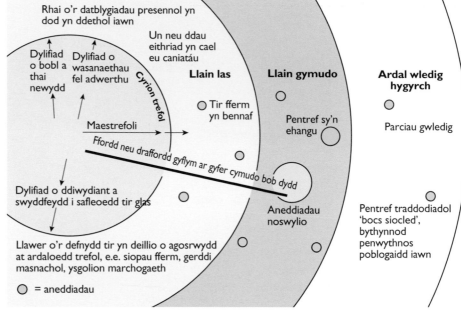

Ffigur 30 Prif nodweddion y cyrion gwledig-trefol

Mathau o ddatblygiad ar y cyrion

- Busnesau dwys a/neu fusnesau amaethyddol fel gerddi masnachol a busnes hel-eich-hun.
- Meysydd chwarae a ddefnyddir gan bobl sy'n byw mewn ardaloedd trefol ar gyfer adloniant ffurfiol ac anffurfiol.
- Cyrsiau golff, meysydd saethu – adloniant helaeth.
- Mannau parcio a theithio (e.e. Rhydychen).
- Parciau Gwyddoniaeth a Thechnoleg (e.e. Cribbs Causeway, Bryste).
- Gwestai fel Travelodge a Holiday Inn Express.
- Stadia chwaraeon mawr (e.e. Stadiwm Falmer, Brighton).
- Safleoedd diwydiannol (e.e. Rolls Royce mewn hen bwll graean yn Chichester).
- Parciau adwerthu a swyddfeydd (e.e. Hedge End, Southampton).

Mae'r cyrion gwledig-trefol yn cynnwys cymysgedd o ddefnydd tir a mathau o dir – o dir ansawdd uchel i dir diraddedig neu ddiffaith – a'r cyfan mewn ardal fechan. Mae pedwar prif ffactor yn dylanwadu ar yr ardaloedd hyn: polisïau amaethyddol; natur yr economi amaethyddol; yr economi drefol; rheoliadau cynllunio cefn gwlad.

Mae rhai mathau o ddefnydd tir yn edrych yn ddeniadol ond mae eraill yn gallu bod yn hyll. Mae cyflwr ac ymddangosiad yr ardaloedd hyn yn gallu newid yn gyflym oherwydd bod yr ardal dan bwysau'r gwahanol fathau o ddefnydd. Pan fydd tir yn cael ei ddefnyddio ar gyfer cyrsiau golff neu hwylio mewn hen byllau graean, mae dulliau o'r fath yn annaturiol a dadleuol. Bydd gwrthdaro yn codi o'r canlynol:

- **Datganoli masnachol** – diwydiant yn chwilio am safleoedd tir glas gwledig yn hytrach na safleoedd tir llwyd yn y ddinas.
- Mae'r **galw am dai** yn rhoi pwysau ar y cyrion gwledig – awydd cryf i adeiladu mewn ardaloedd llain las a phentrefi hardd.

- **Ffermio** – problemau'n ymwneud â thresmasu, fandaliaeth, tipio anghyfreithlon a chŵn, pan mae pobl yn ceisio defnyddio tir fferm ar gyfer adloniant.
- **Materion amgylcheddol** – wrth ddatblygu ffyrdd, parciau gwyddoniaeth newydd a thai newydd, gall hyn greu mwy o lygredd a chynyddu peryglon llifogydd.

Dyma rai astudiaethau posibl ar gyfer y cyrion gwledig-trefol:
- Parciau adwerthu ac uwchfarchnadoedd a'u heffaith ar yr amgylchedd ac ar allfeydd adwerthu eraill.
- Canolfannau hamdden a pharciau newydd ar dir sydd wedi'i adfer fel hen byllau graean.
- Marinas mewn ardaloedd sydd wedi'u hadfer.
- Colli meysydd chwarae ysgolion.
- Parciau swyddfeydd a gwyddoniaeth a'u heffaith ar gymudo a chyflogaeth.
- Problemau amharu ar dir gwledig – tipio anghyfreithlon, garddwriaeth.
- Hen feysydd glanio nawr wedi'u hamgylchynu gan ardaloedd trefol (e.e. Brooklands, Surrey).
- Effaith datblygiadau hamdden fel cyrsiau golff, pledu paent, beicio mynydd, motocrós, canolfannau hamdden a llynnoedd rhwyfo/hwylio.

Cyngor yr arholwr

Gall bygythiadau i'r cyrion gwledig-trefol fel y rhai uchod fod yn destun da i'w astudio. Nid yw ffyrdd osgoi yn bwnc da i'w astudio.

Gwirio gwybodaeth 41

Pam mae meysydd chwarae a chyrsiau golff yn cael eu hystyried yn ddefnydd da o'r cyrion gwledig-trefol?

2.6 Sut mae aneddiadau gwledig yn newid?

Sut a pham mae natur amgylcheddau gwledig yn amrywio?

Mae amgylcheddau gwledig a'r aneddiadau oddi mewn iddynt yn amrywio'n fawr iawn. Yn y rhan fwyaf o wledydd MEDd, mae pobl wedi'u **trefoli yn seicolegol** am eu bod yn disgwyl bod yr un gwasanaethau trefol i'w cael ymhob ardal wledig, fel band llydan, teledu cebl ac ati. Mae'r ffactorau sy'n effeithio ar natur anheddiad wledig yn gallu dibynnu ar: y pellter o ardal drefol; cryfder y rheolau cynllunio; lleoliad yr anheddiad; a yw'r ardal wedi'i gwarchod gan ddeddfwriaeth, e.e. mewn Parc Cenedlaethol; daliadau tir yn yr ardal; pensaernïaeth yr anheddiad.

Natur aneddiadau gwledig

Mae sawl term yn cael ei ddefnyddio i ddisgrifio natur yr aneddiadau sy'n rhan bwysig o'r dirwedd wledig. Byddwch yn gyfarwydd â'r rhan fwyaf ohonynt.
- **Dosbarthiad** – sut mae'r ffermydd, y pentrefi a'r anheddau wedi'u gwasgaru ar hyd y dirwedd.
- **Dwysedd** – nifer y bobl, y ffermydd, yr anheddau a'r aneddiadau fesul km^2.
- **Hierarchaeth** – system weithredol sy'n seiliedig ar bwysigrwydd pob anheddiad mewn ardal. Mae pwysigrwydd yn factor sy'n dibynnu ar faint poblogaeth a'r amrywiaeth o wasanaethau. Yr uchaf yw'r safle yn yr hierarchaeth, yr isaf yw nifer yr aneddiadau a'r mwyaf yw'r pellter rhyngddynt.
- **Gwasgarog** – mae'r anheddiad yn cynnwys ffermydd ac anheddau gwasgarog, anghysbell.
- **Cnewyllol** – mae'r anheddau yn agos ac yn ffurfio pentrefannau a phentrefi ar safleoedd ffafriol, er enghraifft ble mae afon yn tarddu neu ddyffrynnoedd yn cwrdd. Gall siâp y pentref cnewyllol fod yn llinol neu'n gryno.
- **Safle** – natur y tir mae'r anheddiad wedi'i adeiladu arno. Mae safleoedd ffafriol yn dueddol o fod yn rhydd o lifogydd, yn wynebu'r de, yn gysgodol, bod ar darddlin ac ati.

- **Sefyllfa** – lleoliad anheddiad mewn perthynas â'r ardal o'i chwmpas.
- **Swyddogaeth** – pwrpas pentref, e.e. amaethyddol, hamdden, mwyngloddio, pysgota a thwristiaeth.

Mae gan y rhan fwyaf o ardaloedd gwledig rai nodweddion cyffredin. Mae'n bosibl datblygu **mynegai gwledigrwydd (natur wledig)** yn seiliedig ar bresenoldeb neu ddiffyg presenoldeb y nodweddion hyn mewn ardal. Yn 1971, nododd Cloke 10 dangosydd bywyd gwledig allweddol ar gyfer gwledydd MEDd, yn seiliedig ar ddata cyfrifiad. Mae Tabl 9 yn rhestru'r dangosyddion sy'n berthnasol i aneddiadau gwledig ac yn asesu pa mor ddefnyddiol yw dangosyddion Cloke heddiw.

Tabl 9 Mynegai Cloke 1971 (diwygiedig)

Mynegeion diwygiedig 1971	Nodweddion 2011	Newid ers i Cloke lunio'r mynegai yn 1971
% y gweithwyr mewn amaethyddiaeth a choedwigaeth	Isel iawn yn y pentrefi	Wedi gostwng ers 1971
% y boblogaeth dros 65 oed	Mwy wedi ymddeol mewn ardaloedd gwledig	Gwahaniaethu rhwng pobl wledig sydd wedi ymddeol a mewnfudwyr sydd wedi ymddeol
% y boblogaeth o oedran gweithio 16-65	Yn amrywio yn ôl pellter o ganolfannau cyflogaeth a'r gyfran mewn addysg uwch	Gwrthdrefoli wedi dod â mwy o weithwyr i ardaloedd gwledig
% y newid poblogaeth ymysg y boblogaeth breswyl	Yn codi yn sgil mewnfudo ond yn gostwng mewn ardaloedd anghysbell	Poblogaeth ail gartrefi wedi codi – mwy mewn ardaloedd anghysbell
Pellter o ardal drefol	Ardaloedd mwy gwledig yn bellach i ffwrdd	Heb newid
% sy'n cael ei gyflogi y tu allan i'r anheddiad	Yn uchel mewn ardaloedd cymudo ac ardaloedd gwrthdrefoli ac yn is ymhellach i ffwrdd	Teleweithio, gweithio gartref un diwrnod yr wythnos, yn newid hyn
% y trigolion o dan 5 oed	Yn mesur mewnfudwyr diweddar; yn gallu gostwng os nad oes ysgol o fewn cyrraedd hwylus	Cynnydd bach ond gall dileu cludiant ysgol effeithio ar deuluoedd
Dwysedd poblogaeth	Yn gostwng gyda phellter ond yn codi oherwydd mewnlenwi. Yn is mewn ardaloedd anghysbell	Yr un fath â 1971 o hyd
Graddfa feddiannaeth: % y boblogaeth ar sail 1.5 person i bob ystafell	Tuedd gyffredinol yn dangos gostyngiad, ac nid mewn ardaloedd gwledig yn unig	Nid yw'n mesur llawer yn 2011. Byddai amser y daith i ddarpariaeth y gwasanaeth yn dangos mwy
Cyfleusterau'r cartref (bath, gwres canolog)	Byddai perchenogaeth ar gar a mynediad i rwydwaith ffôn symudol yn fesuriadau gwell	Y mesur hwn wedi dyddio yn yr unfed ganrif ar hugain

Llwyddodd meini prawf Cloke i nodi sbectrwm o aneddiadau gwledig, ond fel mae'r golofn ar y dde yn ei ddangos, mae llawer o'r meini prawf hyn yn amhriodol 40 mlynedd yn ddiweddarach. Dyma rai meini prawf gwahanol posibl:

- Gallu derbyn signal ffôn symudol.
- Mynediad i fand llydan.
- Mynediad i archfarchnad, ysgol uwchradd a gofal iechyd.
- Canran y tir adeiledig mewn plwyf.
- Mynediad i brif gyflenwad nwy – nid oedd gan un o bob tri eiddo gwledig prif gyflenwad nwy yn 2008.
- Canran sy'n berchen ar ddau gar (mae hyn nawr yn hanfodol ar gyfer llawer o deuluoedd gwledig).

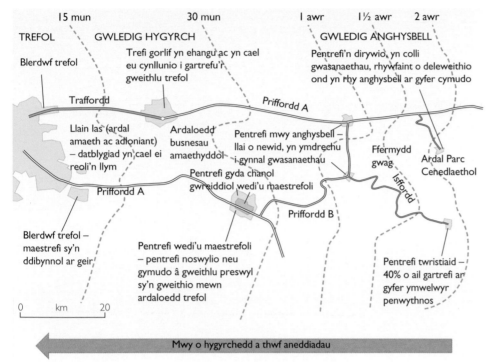

Ffigur 31 Ystod yr aneddiadau gwledig a'u pellter o ddinas

Gwirio gwybodaeth 42

Beth yw ystyr 'gwledigrwydd'?

Newidiadau mewn poblogaeth ac aneddiadau gwledig

Er bod gostyngiad cyffredinol ym mhoblogaeth ardaloedd gwledig anghysbell rhwng 1930 ac 1970, roedd cynnydd ym mhoblogaeth ardaloedd gwledig hygyrch yn y rhan fwyaf o wledydd MEDd, wrth i bobl a swyddi adael ardaloedd trefol. Cafodd y broses hon ei hwyluso gan welliannau i gludiant cyhoeddus a chynnydd yn nifer y bobl a oedd yn berchen ar geir. Wrth i brosesau **gwrthdrefoli** ddatblygu o 1970 ymlaen, cafwyd cynnydd ym mhoblogaeth y rhan fwyaf o ardaloedd gwledig (**gwrthdroad gwledig**). Cynyddodd poblogaeth ardaloedd gwledig (hyd yn oed ardaloedd mwy anghysbell) 16% ar gyfartaledd rhwng 1971 ac 1991. Roedd hyn yn gwbl groes i'r dinasoedd metropolitan lle'r oedd poblogaethau'n disgyn 18% yn yr un cyfnod.

Gwrthdrefoli

Mae'r ffactorau a wnaeth arwain at wrthdrefoli yn amrywio o anheddiad i anheddiad, ond dyma rai o'r rhesymau mwyaf cyffredin:

- Gwnaeth y broses gynllunio a greodd trefi newydd, ehangu trefi a galluogi trefi bach i ehangu, arwain at swyddi o fewn cyrraedd hwylus i aneddiadau gwledig.
- Gwelliannau i gysylltiadau ffyrdd (traffyrdd) a chludiant rheilffordd cyflymach.
- Gwelliannau i ddulliau cyfathrebu (e.e. band llydan a theleweithio).
- Twf ffatrïoedd cangen (gweithfeydd cangen) yn yr aneddiadau newydd.
- Parodrwydd pobl i gymryd swyddi mewn ardaloedd hardd, weithiau am gyflog llai, gan aberthu cyflog mawr am amgylchedd gwell.
- Deddfwriaeth llain las a wnaeth gynyddu apêl ardaloedd.
- Annarbodion maint mewn dinasoedd.
- Newid cenedlaethol gan symud tuag at swyddi yn y maes gwasanaethu a thwf gweithgynhyrchu gwledig arbenigol.

Y goblygiadau ar gyfer aneddiadau gwledig

- Llai o gartrefi ar gael ar gyfer pobl a fagwyd yng nghefn gwlad ac ar gyfer gweithwyr gwledig.
- Pentrefi'n cynllunio i gael tai cymdeithasol a gweithwyr ar gyflog is, e.e. Lavant ger Chichester.
- Dosbarth newydd yn y maes gwasanaethu yn gweithio yn y pentrefi, e.e. glanhawyr, busnesau adeiladu bach.
- Siop y pentref yn cau gan fod pobl yn siopa mewn uwchfarchnadoedd yn y ddinas ac yn berchen ar geir i siopa y tu allan i'r pentref.
- Ymgyrchoedd i'r gwrthwyneb i rai trefi a phentrefi mawr geisio cadw siopau lleol a gwahardd siopau cadwyn mawr rhag agor (**Tescoisation**).
- Trefi trawsnewid yn ceisio gwella'u delwedd trwy ddatblygiadau ecogyfeillgar (e.e. Totnes).
- Swyddfeydd post yn cau gan fod llai yn eu defnyddio (e.e. pensiynau'n cael eu talu i gyfrifon banc).
- Gwasanaethau ar gyfer pobl fwy cyfoethog fel siopau hen bethau – dim ond un siop gyffredin ond 10 o siopau hen bethau ac orielau celf sydd yn Arundel, Gorllewin Sussex.
- Mae pentrefi yn y lleoliadau mwyaf poblogaidd mewn ardaloedd llain las yn denu pobl gyfoethog.
- Mae'n bosibl na fydd y boblogaeth newydd yn siarad yr un iaith, a bydd y trigolion mwy sefydlog yn teimlo bod eu diwylliant o dan fygythiad, e.e. mewn rhannau o Gymru.

Mae Tabl 10 a Ffigur 32 yn crynhoi'r effeithiau posibl wrth i natur pentrefi newid.

Tabl 10 Pam mae gwasanaethau gwledig wedi dirywio a sut gallan nhw wella?

	Y newyddion drwg	Y newyddion da
Siopau bwyd	• Archfarchnadoedd yn agor, hyd yn oed mewn trefi cymharol fach, gan gynnig prisiau is, oriau estynedig a bysiau di-dâl o rai pentrefi	• Gostyngiad mewn trethi busnes unffurf • Datblygu mathau newydd o siopau pentref, e.e. siopau fferm a modurdy
Swyddfeydd post	• Swyddfeydd bach wedi'u hisraddio i statws swyddfa gymunedol ran amser – anodd denu pobl i'w rhedeg fel busnesau hyfyw • Colli busnes pensiynau i'r banciau	• Bargeinion newydd ar gyfer swyddfeydd post gwledig gyda banciau, gyda chownteri swyddfeydd post ar gyfer busnes cyffredinol newydd
Cludiant cyhoeddus	• Arweiniodd dadreoleiddio'r bysiau at gau llwybrau aneconomaidd • Cynghorau unedol newydd yn darparu cymhorthdal ar gyfer eu gwasanaethau eu hunain, nid ar gyfer cysylltiadau gwledig ar draws y cynghorau • Dim digon o deithwyr	• Grantiau ar gyfer tacsis a bysiau cymunedol sy'n cael eu datblygu'n aml gan gynghorau plwyf; roedd cymhorthdal o'r fath o dan fygythiad yn 2011
Ysgolion pentref	• Poblogaeth sy'n heneiddio yn arwain at brinder 'cwsmeriaid' • Wrth i ysgolion gystadlu am niferoedd, mae ysgolion pentref lleol yn tueddu i golli plant, neu mae plant yn mynd i ysgolion preifat	• Datblygu meithrinfeydd • Perfformiad cyffredinol da ysgolion bach yn denu plant • Strategaethau clystyru i rannu pennaeth • Grantiau llywodraeth ar gyfer ysgolion bach
Llyfrgelloedd	• Costau'r ddarpariaeth • Toriadau i wasanaethau'r cyngor	• Mwy o lyfrgelloedd teithiol
Gofal iechyd sylfaenol	• Cau meddygfeydd 'cangen' meddygon teulu • Dirywiad o ran deintyddiaeth y GIG • Costau'r GIG yn cynyddu	• Creu canolfannau iechyd bach • Grantiau ychwanegol ar gyfer meddygon teulu gwledig • Datblygu fferyllfeydd gwledig • Defnydd o'r rhyngrwyd ar gyfer ymgynghoriadau
Neuaddau pentref	• Yn gyffredinol arferion teuluol yn tueddu i newid • Dileu cyllid ar gyfer clybiau ieuenctid a gwasanaethau cymdeithasol	• Grantiau'r Mileniwm i adnewyddu neuaddau pentref

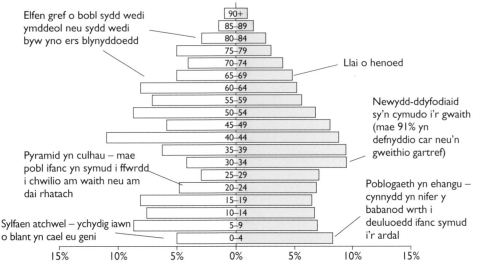

Elfen gref o bobl sydd wedi ymddeol neu sydd wedi byw yno ers blynyddoedd

Llai o henoed

Newydd-ddyfodiaid sy'n cymudo i'r gwaith (mae 91% yn defnyddio car neu'n gweithio gartref)

Pyramid yn culhau – mae pobl ifanc yn symud i ffwrdd i chwilio am waith neu am dai rhatach

Poblogaeth yn ehangu – cynnydd yn nifer y babanod wrth i deuluoedd ifanc symud i'r ardal

Sylfaen atchwel – ychydig iawn o blant yn cael eu geni

Strwythur poblogaeth sy'n dirywio	Strwythur poblogaeth sy'n ehangu
Mae poblogaeth y pentref yn gostwng oherwydd allfudo, ac mae colli'r elfen gynhyrchu wedi arwain at ostyngiad pellach. Mae'n byramid sy'n heneiddio'n sylweddol	Mae'r pentref wedi ehangu oherwydd mewnfudo newydd, gan arwain at gynnydd naturiol pellach oherwydd y proffil oedran
Canlyniadau'r dirywiad	**Canlyniadau'r ehangiad**
• Wrth i boblogaeth ddirywio mewn pentrefi, mae llawer o'r bobl sydd ar ôl yn hen a'u hincwm yn brin • Wrth i bobl symud i ffwrdd oherwydd prinder swyddi neu dai fforddiadwy, mae gwasanaethau eraill, fel y swyddfa bost, ysgol y pentref a'r gwasanaeth bws, yn mynd yn aneconomaidd, ac mae mwy o bobl yn symud i ffwrdd • Tai yn cael eu prynu fel ail gartrefi ac mae'r lle'n wag am y rhan fwyaf o'r flwyddyn • Wrth i'r ardal ddioddef amddifadedd, mae llawer yn methu symud i ffwrdd, sy'n golygu bod eu bywydau'n gyfyngedig iawn	• Pwysau ar wasanaethau allweddol fel ysgolion ac iechyd • Creu sawl stad 'bychain' o dai newydd, sy'n dai dethol yn aml na all pobl leol eu fforddio (gellid cyfeirio at hyn fel blerdwf gwledig) • Ychydig iawn o effaith sydd ar wasanaethau'r pentref gan mai anaml iawn y mae newydd-ddyfodiaid yn defnyddio siopau neu fodurdai'r pentref – ond maen nhw'n defnyddio'r tafarndai • Mwy o dagfeydd traffig, yn enwedig ar yr adegau prysur – mae gan lawer o deuluoedd newydd ddau neu hyd yn oed dri char • Llawer o'r pentrefwyr newydd yn cyfrannu at fywyd y pentref fel y cyngor plwyf, Sefydliad y Merched a'r eglwys, ond nid yw'r rhan fwyaf yn gwneud hyn • Llawer o bentrefi yn bentrefi noswylio lle nad oes llawer o draffig yn ystod y dydd • Gwrthdaro yn gallu codi rhwng pentrefwyr gwreiddiol a newydd-ddyfodiaid – mae pentrefwyr gwreiddiol yn teimlo nad yw eu gwerthoedd yn cael eu parchu
Torri'r cylch o ddirywiad ac amddifadedd gwledig yw'r pwnc allweddol	Y prif broblem yw ceisio cynnal y gymuned wledig ac ansawdd gwledig wrth i'r broses faestrefoli gynyddu

Ffigur 32 Dirywiad ac ehangiad gwledig – y canlyniadau daearyddol

Tlodi ac amddifadedd gwledig

Mae **tlodi gwledig** yn broblem mewn gwledydd MEDd. Y farn gyffredinol yw bod ardaloedd gwledig yn fwy cyfoethog nag ardaloedd trefol, ond mae ganddynt gyfran sylweddol o bobl dlotach wedi'u

gwasgaru'n denau ar draws yr ardal a phocedi bach o amddifadedd difrifol. Mae'n hawdd iawn anghofio am y grwpiau hyn gan eu bod mor fach ac oherwydd y canfyddiad bod ardaloedd gwledig yn lleoedd delfrydol. Fel rheol, mae amddifadedd gwledig yn cael ei gysylltu â diffyg adnoddau materol sydd mewn gwirionedd yn 'gyflwr o ddiffyg lles' ac mae'r diffyg hwn yn effeithio ar iechyd y corff a'r meddwl.

Mae rhai ardaloedd ymylol, fel cefn gwlad Cernyw, nawr yn gymwys i dderbyn cyllid datblygu Categori 1 (caledi gwaethaf) yr UE oherwydd bod rhai o enillion cyfartalog yr ardaloedd hyn ymysg yr isaf yn y DU. Yn yr un modd, er bod diweithdra yn is mewn ardaloedd gwledig yn gyffredinol, mae'n gallu bod yn anodd i'r rhai sy'n gadael yr ysgol ddod o hyd i waith. Mae'r ystod o gyfleoedd gwaith yn gyfyngedig yn aml oherwydd rhwystrau ffisegol, ac mae llawer o swyddi (tua 27%) yn rhan amser ac felly'n talu cyflogau isel.

Mae cyfran uwch o henoed (20%) yn byw mewn ardaloedd gwledig, ac er bod tai mewn ardaloedd gwledig o safon uwch fel arfer, mae tai fforddiadwy yn brin yn y pentrefi. Mae tlodi'r bobl hyn, sy'n oedrannus yn bennaf, yn gallu bod yn ddifrifol iawn, yn enwedig os ydynt yn cael eu hamddifadu o wasanaethau sylfaenol hygyrch ac yn llai parod i ddatgan eu hanghenion. Mae **all-gau cymdeithasol** yn bodoli mewn ardaloedd gwledig, wrth i bobl gael eu cau allan o gyfleoedd cymdeithasol, economaidd neu ddiwylliannol oherwydd incwm isel, tlodi, iechyd gwael neu ddiffyg mynediad i wasanaethau. **All-gau cymdeithasol** yw'r broses lle mae'r systemau amrywiol sydd i fod i sicrhau bod unigolion ac aelwydydd (*households*) yn ymgysylltu'n gymdeithasol yn methu. Rhesymau posibl am hyn yw nad oes digon o swyddi ar gael neu fethiant y marchnadoedd tai.

Mae tri math o amddifadedd gwledig:

(1) Mae **amddifadedd aelwydydd** yn ymwneud â chaledi ar aelwydydd unigol wrth geisio cynnal safon byw. Mae enghreifftiau'n cynnwys sefyllfa tenantiaid fferm mewn ardaloedd llai ffafriol, fel mynyddoedd Cymru, neu sefyllfa pobl oedrannus sengl sy'n dibynnu'n gyfan gwbl ar bensiwn y wladwriaeth. Mae tai o ansawdd gwael a lefelau uchel o gymhorthdal incwm a thaliadau budd-dal yn nodweddion cyffredin o amddifadedd aelwydydd.

(2) Mae **amddifadedd cyfleoedd** yn ymwneud â diffyg mynediad i addysg, iechyd, gwaith, gwasanaethau cymdeithasol a siopau ar gyfer pobl sy'n byw mewn ardaloedd cefn gwlad. Mae llawer o deuluoedd gwledig yn gorfod wynebu cost ac anhawster teithio'n bellach i gael gwasanaethau sylfaenol fel tanwydd, ac maen nhw'n talu mwy amdanynt.

(3) Mae **amddifadedd symudedd** yn mesur diffyg cludiant i fynd i'r gwaith neu gael gafael ar wasanaethau sylfaenol. Mae llawer o'r gwasanaethau hyn nawr wedi'u lleoli mewn aneddiadau allweddol yn sgil rhesymoli gwledig. Mae prynu a rhedeg car neu feic modur yn ddrud iawn, yn enwedig i deuluoedd ar incwm isel. Mae cael gwasanaeth tacsi yn y pentref, bws-post neu fws cymunedol yn gallu bod yn hanfodol os nad oes gwasanaethau bws masnachol ar gael.

Os nad ydynt yn cael eu datrys, gyda'i gilydd, gall yr holl elfennau amrywiol achosi cylch o **ddirywiad gwledig**. Gall hyn arwain at **ddiboblogi** gwledig os na ddaw pobl newydd i gymryd lle'r allfudwyr.

Gwirio gwybodaeth 43
Beth yw trefi trawsnewid?

Cyngor yr arholwr
Chwiliwch am enghreifftiau o'r mathau gwahanol o amddifadedd, yn enwedig os ydych yn byw mewn tref ac yn gwybod llai am ardaloedd gwledig.

Gwirio gwybodaeth 44
Beth yw amddifadedd cyfleoedd?

Crynodeb

- Mae'r thema hon yn canolbwyntio ar aneddiadau yn y byd datblygedig.

- Mae'n hollbwysig eich bod yn cynnwys enghreifftiau o'ch astudiaethau maes neu eich darllen er mwyn egluro eich atebion.

- Mae aneddiadau yn wahanol i'w gilydd oherwydd bod ganddynt strwythurau economaidd, cymdeithasol a diwylliannol gwahanol.

- Un ardal sy'n newid llawer yw'r ddinas fewnol, a dyma ble mae'r llywodraeth wedi ymyrryd fwyaf.

- Mae CBDau yn esblygu'n bennaf oherwydd newidiadau sy'n deillio o rymoedd y farchnad. Y mwyaf yw'r ddinas, y mwyaf yw arwahanu gweithredol y defnydd tir.

- Y tu hwnt i'r ddinas, mae'r cyrion gwledig-trefol yn gylchfa gystadleuol o ddefnydd tir, a dyma ble mae cystadleuaeth i newid defnydd tir yn y ffordd fwyaf radical.

- Ar y cyrion a thu hwnt yn yr ardaloedd gwledig, mae aneddiadau yn newid wrth i rymoedd technolegol, economaidd a chymdeithasol effeithio ar gymdeithas.

Cwestiynau ac Atebion

Paratoi ar gyfer prawf yr uned

Termau daearyddol

Mae'n syniad da i lunio eich rhestr eich hun o dermau allweddol (eich geiriadur daearyddol eich hun) pan fyddwch yn dod ar eu traws wrth i chi astudio. Dylech hefyd wneud yn siŵr bod gennych eich cronfa eich hun o fapiau a diagramau syml ac effeithiol. Cofiwch ymarfer lluniadu'r mapiau a'r diagramau, fel nad oes angen mwy na dau funud yr un arnoch i'w creu. Yn olaf, byddwch angen eich enghreifftiau personol i egluro eich pwyntiau. Byddwch yn gweld enghreifftiau a diagramau yn y llyfr hwn; gallwch greu argraff trwy ddefnyddio enghreifftiau gwahanol, perthnasol yn hytrach na'r enghreifftiau safonol yn eich gwerslyfrau.

Ble i ddod o hyd i enghreifftiau da

Ceisiwch ddod o hyd i enghreifftiau o'ch astudiaethau eich hun yn ogystal ag enghreifftiau eich athrawon. Mae *Geography Review* a *Geographical* yn ffynonellau da ar gyfer enghreifftiau gwreiddiol. Mae gwefannau fel Grid Cenedlaethol ar gyfer Dysgu (GCaD) (**www.ngfl-cymru.org.uk/cym/vtc-home/vtc-aas-home/vtc-as_a-geography**) yn ddefnyddiol. Mae papurau newydd o ansawdd, e.e. *Times, Guardian, Independent* a *Daily Telegraph* hefyd yn ffynonellau da. Ond mae'n rhaid i chi fod yn ymwybodol o safbwyntiau unllygeidiog. Mae'r cyfryngau yn rhoi sylw da i ddaearyddiaeth yn gyson felly cofiwch fanteisio arnynt.

Prawf yr uned

Amseru

Mae tri chwestiwn yn yr arholiad yn seiliedig ar gynnwys Uned G2. Mae'r testunau yn ymddangos yn yr un drefn â'r fanyleb. Mae'r arholiad yn 1 awr 30 munud o hyd ac mae'n rhaid i chi ateb pob un o'r tri chwestiwn. Mae'n bosibl, felly, ennill marc bob munud. Mae'r tabl isod yn nodi sut dylech geisio neilltuo eich amser. Mae'r amserau ar gyfer cwestiynau 1 a 2 yn union yr un fath.

	Gweithgaredd	Amser mewn munudau
	Darllenwch bob un o'r tri chwestiwn. Penderfynwch ym mha drefn rydych chi eisiau ateb y cwestiynau. (Mae trefn y cwestiynau isod yn cymryd yn ganiataol eich bod yn ateb y cwestiynau yn eu trefn.)	1
C1 a C2	Astudiwch yr adnodd cyntaf yn ofalus ac atebwch Ran (a), sef y cwestiwn 5 marc.	5
	Darllenwch Ran (b) a chynlluniwch eich ateb.	2
	Ysgrifennwch eich ateb (tua un dudalen o ryddiaith ac unrhyw fapiau neu ddiagramau).	10
	Darllenwch Ran (c) a chynlluniwch eich ateb.	2
	Ysgrifennwch eich ateb (tua un dudalen o ryddiaith ac unrhyw fapiau neu ddiagramau).	10

	Gweithgaredd	Amser mewn munudau
C3	Astudiwch yr adnodd(au) ar gyfer Cwestiwn 3.	2
	Cynlluniwch eich ymateb i ran (a).	1
	Ysgrifennwch eich ateb i (a).	6
	Darllenwch a chynlluniwch eich ymateb i ran (b).	1
	Ysgrifennwch eich ateb i (b).	8
	Darllenwch a chynlluniwch eich ymateb i ran (c).	1
	Ysgrifennwch ateb un dudalen i (c).	9
	Darllenwch dros eich gwaith.	3
	Cyfanswm yr amser	**90**

Sut mae atebion yn cael eu marcio

Mae marcwyr yn asesu ansawdd *cyffredinol* atebion yn erbyn cynllun marcio'r papur bob amser. Mae'n bosibl y bydd y marc cyfan yn seiliedig ar nodweddion sawl lefel ac yn adlewyrchu'r cyfuniad o nodweddion yn yr ateb. Mae'r holl farciau hefyd yn seiliedig ar amcanion asesu (AA) sy'n golygu ei bod yn bosibl rhoi marciau am wybodaeth, cymhwyso gwybodaeth, a sgiliau. Mae'r rhain yn cynnwys ansawdd sgiliau iaith, neu sgiliau lluniadu neu ddehongli mapiau, ffotograffau a diagramau.

Cynllun marcio lefelau a ddefnyddir ar gyfer rhannau (b) ac (c) o
gwestiynau 1 a 2 a rhan (c) o gwestiwn 3

Lefel	Marciau	Disgrifydd
3	8-10	Gwybodaeth a dealltwriaeth dda iawn a defnydd da o enghreifftiau. Disgrifiadau ac esboniadau llawn. Mae lled a dyfnder i'r ateb i ddwyn ynghyd amrywiaeth o bwyntiau. Yn dilyn gorchmynion y cwestiwn. Yn defnyddio arddull traethawd bach da, yn ysgrifennu'n dda ac yn defnyddio iaith daearyddiaeth yn dda.
2	4-7	Rhywfaint o wybodaeth ond nid yw'n glir bob amser bod gwybodaeth/egwyddorion wedi eu deall yn llawn. Nid yw'r wybodaeth a'r esboniadau yn gyflawn. Disgrifiadau cadarn. Mae angen mwy o fanylion. Tystiolaeth o arddull traethawd ond diffyg paragraffau a chyflwyniad/casgliad. Rhywfaint o ddefnydd o iaith daearyddiaeth.
1	0-3	Gwybodaeth gyfyngedig ac arwynebol a dealltwriaeth gyfyngedig. Prin yw'r defnydd o enghreifftiau, ac os yw'n cynnwys enghraifft mae'n ysgrifennu, e.e. Affrica (yn cael ei nodi fel gwlad yn hytrach na chyfandir yn aml). Bydd y deunydd yn syml ac yn debygol o fod yn ateb un paragraff cryno heb unrhyw ddatblygiad. Camgymeriadau gramadegol a sillafu yn amlwg.

Ansawdd y cyfathrebu ysgrifenedig

Nid oes unrhyw farciau'n cael eu rhoi yn benodol am ansawdd eich ysgrifennu. Fodd bynnag, dylech geisio defnyddio atalnodi a gramadeg cywir, strwythuro atebion mewn dilyniant rhesymegol, cynnwys cyflwyniad a chasgliad cryno, a defnyddio terminoleg ddaearyddol briodol.

Rheoli cwestiynau mewn munud

Mae nodiadau cyfarwyddyd ar glawr y papur arholiad. Mae'r nodiadau'n pwysleisio'r angen i chi ddefnyddio enghreifftiau a Chymraeg da, felly cofiwch eu darllen. Mae dwy brif ran i bob cwestiwn. Mae **geiriau gorchymyn** yn dweud wrthych beth i'w wneud â'r deunydd, fel amlinellwch, trafodwch, gwerthuswch, aseswch. Yn ail, mae'r **deunydd** ei hun. Defnyddiwch ddau liw gwahanol i amlygu'r gorchmynion a'r testun.

- **Disgrifiwch** – dangoswch eich bod yn gwybod beth sy'n digwydd neu beth mae map neu ddiagram yn ei ddangos. Mae'n disgwyl i chi wybod beth mae proses yn ei wneud, beth sy'n digwydd, ble mae'n digwydd, pryd mae'n digwydd. Mae disgrifiadau'n gallu cynnwys pwy neu beth sy'n achosi proses ac ar bwy mae'n effeithio.
- **Eglurwch** – nodwch pam a sut mae rhywbeth yn digwydd. Mae'n bosibl y bydd yn cynnwys rhywfaint o ddisgrifio ond peidiwch â dibynnu ar ddisgrifio fel dull o egluro.
- **Gyda chymorth diagram** – gwnewch ddiagram a'i labelu. Rhaid labelu echelinau'r graff hefyd.
- **Nodwch** – gwnewch restr o bwyntiau a chynnwys enghreifftiau perthnasol.
- **Archwiliwch** – nodwch resymau gan drafod dwy ochr y pwnc: er enghraifft, 'Archwiliwch gostau a manteision cynlluniau adfywio mewn dinasoedd.'
- **Cyfiawnhewch** – rhowch resymau.
- **Amlinellwch** – nodwch y prif bwyntiau neu'r ffactorau (o leiaf ddau), gydag enghreifftiau ategol.

Sylwadau'r arholwr

Yn yr adran Cwestiynau ac Atebion hon, mae sylwadau'r arholwr yn dilyn ateb pob myfyriwr. Mae hyn yn cael ei ddangos gan yr eicon *d*. Mae'r sylwadau yn dangos sut mae'r marciau wedi'u dyfarnu ac yn amlygu problemau a gwendidau penodol a meysydd i'w gwella.

Thema 1 Cwestiwn 1

Enghraifft 1 **Cyfraddau ffrwythlondeb a marwolaeth**

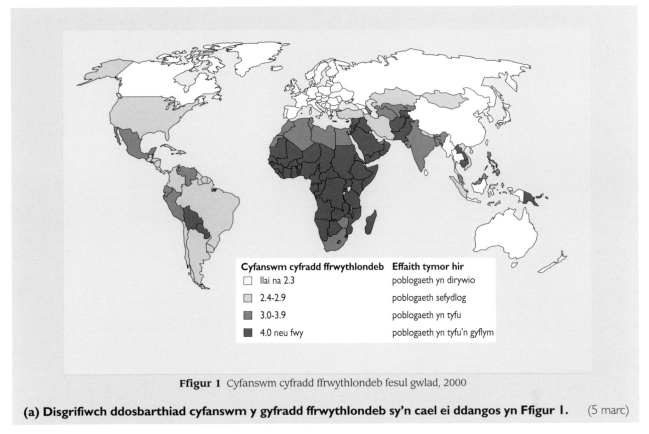

Cyfanswm cyfradd ffrwythlondeb	Effaith tymor hir
☐ llai na 2.3	poblogaeth yn dirywio
⬜ 2.4-2.9	poblogaeth sefydlog
⬛ 3.0-3.9	poblogaeth yn tyfu
⬛ 4.0 neu fwy	poblogaeth yn tyfu'n gyflym

Ffigur 1 Cyfanswm cyfradd ffrwythlondeb fesul gwlad, 2000

(a) Disgrifiwch ddosbarthiad cyfanswm y gyfradd ffrwythlondeb sy'n cael ei ddangos yn Ffigur 1. (5 marc)

ⓐ Mae'r adran hon yn profi eich gallu i ddehongli map. Dylech wneud yn siŵr eich bod yn gallu enwi mwy nag un ardal.

(b) Nodwch resymau pam roedd cyfanswm cyfradd ffrwythlondeb rhai gwledydd yn llai na 2.3, sef y lefel adnewyddu. (10 marc)

ⓐ Mae'r cwestiwn yn cyfeirio at y categori isaf ar y map yn unig. Dylech nodi mwy nag un rheswm a chynnwys enghreifftiau dilys.

(c) Gyda chymorth diagram, disgrifiwch ac eglurwch y newidiadau yn y gyfradd marwolaeth sy'n cael ei dangos gan y model trawsnewid demograffig. (10 marc)

ⓐ Mae'r rhan hon yn gofyn am ddiagram, disgrifiad ac eglurhad.

Myfyriwr A

(a) Mae'r twf cyflymaf yn digwydd ar gyfandir Affrica **a**. Ar y cyfan, gwledydd MEDd sydd â chyfanswm cyfradd ffrwythlondeb rhwng 2.4 a 2.9 **b**. Mae gan y gwledydd hyn boblogaeth sefydlog oherwydd bod eu safon byw yn uwch. Mae dirywiad yn y boblogaeth hefyd yn digwydd mewn gwledydd MEDd.

ⓓ **Dyfarnwyd marc o 2/5**. **a** Dyma ateb sylfaenol, disgrifiadol sy'n enwi un ardal yn unig. **b** Mae'n cyfeirio at un categori yn unig, a heb ddilyn gofyniad y cwestiwn. Felly, nid oes digon o ddyfnder i'r disgrifiad a byddai'n ennill 2 farc yn unig.

Myfyriwr B

(a) Mae'r boblogaeth yn tyfu'n gyflym mewn llawer o wledydd Affrica, Saudi Arabia a Pakistan a rhannau o America Ladin. Mae'r boblogaeth yn tyfu'n arafach yn India a Chanolbarth America. Yr ardaloedd lle mae'r boblogaeth yn sefydlog yw Gogledd America, canolbarth Ewrasia. Mae'r boblogaeth yn dirywio yng ngwledydd Ewrop, Gogledd America ac Awstralia. **a b**

ⓓ **Dyfarnwyd marc o 5/5**. **a** Mae'r ateb hwn yn cyfeirio at bob un o'r categorïau ac **b** yn cynnwys enghreifftiau o bob categori. Bydd yn ennill marciau llawn er bod y disgrifiad yn gyffredinol iawn.

Myfyriwr A

(b) Roedd cyfanswm y gyfradd ffrwythlondeb yn is na'r lefel adnewyddu (llai na 2.3) mewn llawer o wledydd oherwydd bod gan lywodraeth y gwledydd hynny bolisïau ar waith i rwystro teuluoedd rhag cael llawer o blant. Mae'r gwledydd sydd â chyfanswm cyfradd ffrwythlondeb is na'r lefel adnewyddu o 2.3 yn wledydd datblygedig, fel Ewrop, Awstralia a rhai gwledydd De America **c**. Mae llywodraethau'n gweithredu polisïau gwahanol, er enghraifft, 'polisi un plentyn' sydd yn China **a**. Roedd angen gwneud hyn oherwydd bod y boblogaeth yn fawr iawn ac yn tyfu bob blwyddyn, ond maen nhw'n rheoli'r boblogaeth nawr. Fel rhan o'r polisi 'un plentyn', mae cyflogau teuluoedd sy'n cael dim mwy na dau blentyn yn cynyddu 5-10%, ond mae cyflogau teuluoedd sy'n cael mwy na dau blentyn yn gostwng 10% **b**. Hefyd, mewn rhai gwledydd **ch** mae pobl yn penderfynu peidio â chael plant oherwydd eu bod eisiau gweithio ac ennill arian i'w wario arnyn nhw eu hunain. Maen nhw'n defnyddio dulliau atal cenhedlu i osgoi cael plant **a**.

ⓓ **Dyfarnwyd marc o 5/10**. **a** Mae'r ateb yn nodi dau reswm. **b** Mae gormod o sylw yn cael ei roi i bolisi China yn hytrach na darparu mwy o dystiolaeth am bolisïau eraill. **c** Mae'n gwneud y camgymeriad sylfaenol o gyfeirio at Ewrop fel gwlad, heb enwi gwlad yma nac yn Ne America. **ch** Mae'n tueddu i ailadrodd a datblygu'r pwyntiau mewn ffordd gyffredinol iawn. Nid yw'n cyfeirio at lefel adnewyddu. Nid oes paragraffau yn y traethawd bach hwn, sydd braidd yn fyr o ganlyniad. Ateb Lefel 2 yw hwn, a byddai'n ennill 5 marc am ei gynnwys a'i ymresymu.

Myfyriwr B

(a) Mae'r rhan fwyaf o wledydd sydd â chyfanswm cyfradd ffrwythlondeb yn llai na 2.3 yn wledydd MEDd **b**. Y rhesymau pam mae gan y gwledydd hyn gyfanswm cyfradd ffrwythlondeb o dan y lefel adnewyddu yw bod canran uwch o ferched yn gweithio yn y gweithlu naill ai mewn swyddi llawn amser neu ran amser **a**. Gan eu bod yn rhan o'r gweithlu, mae merched yn tueddu i gael llai o blant yn hwyrach yn eu bywydau oherwydd eu bod eisiau canolbwyntio ar eu swyddi **b**. Mewn gwledydd MEDd, mae'r system gofal iechyd a chynlluniau pensiwn yn dda iawn, sy'n lleihau nifer y genedigaethau gan fod y rhan fwyaf o blant yn cyrraedd oedran oedolyn ac ni fydd plant yn gorfod gofalu am eu rhieni yn eu henaint oherwydd bod ganddynt gynllun pensiwn **a b**. Mae mesurau atal a rheoli cenhedlu ar gael yn eang, sy'n lleihau lefelau beichiogrwydd digroeso **a**. Mae cynlluniau cynllunio teulu hefyd ar gael, sy'n golygu bod teuluoedd yn gallu cynllunio sawl plentyn maen nhw am ei gael **a c**. Mae llawer o bobl yn derbyn addysg bellach ac addysg uwch, sy'n golygu eu bod yn priodi'n hwyrach ac yn cael llai o blant gan eu bod yn awyddus i ganolbwyntio ar eu gyrfaoedd yn gyntaf **a b**.

Weithiau mae polisïau'r llywodraeth yn atal neu'n annog pobl i gael teuluoedd llai.

ⓐ **Dyfarnwyd marc o 8/10.** Mae hyd y traethawd bach hwn yn ddigon i gael 10 marc, sef tua un dudalen yn y llyfr ateb. **a** Mae'n cynnwys amrywiaeth o ffactorau sy'n cael eu hegluro'n dda mewn ffordd ddamcaniaethol. **b** Byddai paragraffu gwell a rhywfaint o gyflwyniad a chasgliad wedi gwella'r ateb. **c** Mae'n anodd darparu enghreifftiau o'r ffactorau hyn, er y byddai enwi gwledydd lle mae hyn yn digwydd yn fanteisiol. Ffactorau eraill posibl yw: yr hyn sy'n arferol yn y gymdeithas o safbwynt maint teuluoedd, dewisiadau ffordd o fyw, costau plant, pobl yn cael plant yn hŷn a chynnydd mewn ffrwythlondeb, ac unig blant. Ateb Lefel 3 yw hwn sy'n haeddu o leiaf 8 marc ac yn symud tuag at radd A.

Myfyriwr A

(c) *Model trawsnewid demograffig*

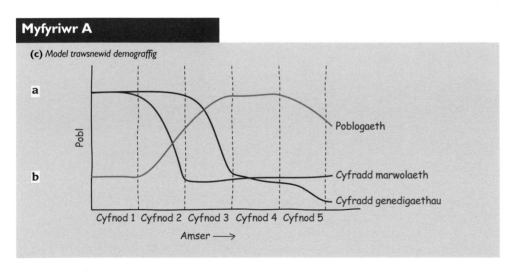

Mae'r model trawsnewid demograffig (MTD) yn dangos bod y gyfradd marwolaeth yn gostwng yng nghyfnod 2 ac yn achosi cynnydd yn y boblogaeth **c**. Mae'r MTD yn dangos y broses mae gwledydd yn ei dilyn yn nhermau datblygu economaidd (y cyfnodau gwahanol) a'i heffaith ar boblogaeth. Wrth i wledydd ddatblygu maen nhw'n gallu fforddio technoleg a bwyd gwell. Mae hyn yn arwain at hylendid a gofal iechyd gwell, ac mae'r cyfraddau marwolaeth yn gostwng nes bod y rhan fwyaf o farwolaethau'n cael eu hachosi gan henaint neu ddamweiniau. Fel mae'r MTD yn ei ddangos, mae hyn yn effeithio ar y boblogaeth gan arwain at gyfraddau marwolaeth is na'r cyfraddau genedigaethau a thwf yn y boblogaeth. Ffactor arall sy'n achosi'r cyfraddau marwolaeth isel mewn gwledydd MEDd sydd yng nghyfnod 4 o'r MTD yw cyfleusterau meddygol gwell, deiet cytbwys a'r ffaith nad yw dŵr a bwyd yn cael eu halogi **c**. O ganlyniad, mae'n bosibl osgoi clefydau fel teiffoid a cholera. Mae cyfradd marwolaeth sefydlog yng nghyfnod 3 **c ch**. Mae hyn yn golygu y bydd twf poblogaeth y wlad yn sefydlog. Mae hyn yn gyffredin mewn gwledydd MEDd fel UDA **d**.

ⓓ **Dyfarnwyd marc o 5/10**. Nid yw'r myfyriwr wedi trefnu ei ymateb yn rhesymegol. **a** Nid yw'r diagram yn gywir, yn enwedig ar gyfer Cyfnod 3. **b** Nid yw'n cyfeirio at Gyfnodau 1 neu 5 er eu bod yn ymddangos yn y diagram. **c** Mae'n cyfeirio at Gyfnodau 2-4 mewn ffordd anhrefnus, ond mae'r rhesymu ar gyfer Cyfnod 2 yn gywir. **ch** Mae testun Cyfnod 3 yn rhannol gywir, ond mae'r enghraifft **d** yn anghywir oni bai ei bod yn cynnwys dyddiad fel 'UDA tua diwedd y bedwaredd ganrif ar bymtheg'. Nid yw'r ateb yn cynnwys disgrifiad dilyniannol llawn o'r gyfradd marwolaeth, ond mae'n ennill credyd am rywfaint o'r esboniad. Ateb Lefel 2 yw hwn sy'n ennill 5 marc.

Bydd y myfyriwr hwn yn ennill cyfanswm o 12/25 marc, sydd yng nghanol yr ystod farciau ac yn ennill gradd C.

Myfyriwr B

(c)

a

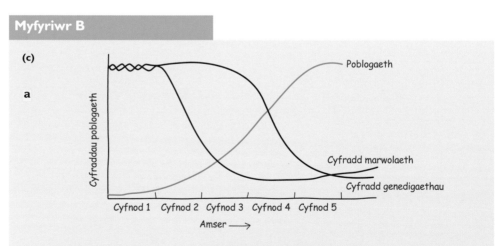

Mae fy model trawsnewid demograffig yn dangos bod y gyfradd marwolaethau wedi newid dros amser a bod llawer o wledydd yn perthyn i'r graff ym mhob un o'r camau **b**.

Yn y graff mae'r gyfradd marwolaeth yn amrywio'n fawr â'r gyfradd genedigaethau yng Nghyfnod 1. Mae hyn yn tueddu i ddigwydd yn ystod rhyfel fel rhyfeloedd Napoleon a chyn hynny. Mae gwledydd Affrica fel Rwanda a'r Congo yn perthyn i gyfnod 1 oherwydd eu cyfraddau marwolaeth uchel sy'n cael ei hachosi gan ryfel, AIDS a newyn a diffyg mynediad i ddŵr glân **c**. Mae'r gyfradd marwolaeth yn gostwng yng Nghyfnod 2. Mae hyn oherwydd gwelliant mewn gofal meddygol sy'n achub bywydau ac yn atal marwolaethau **c**.

Yng nghyfnod 3 mae'r gostyngiad yn y gyfradd marwolaeth yn arafu ond mae'n parhau i ostwng yn araf, mae hyn oherwydd yr olaf o'r cenedlaethau hŷn pan oedd y gyfradd marwolaeth wedi gostwng yn sylweddol yng nghyfnod 2, ond mae'r gyfradd genedigaethau'n parhau i fod yn uchel **c**, **ch**. Digwyddodd hyn pan oedd pobl yn dechrau dysgu sut i atal clefydau a helpu i gadw pobl yn fyw fel eu bod yn byw'n hirach **c**. Mae cyfnod 4 yn dangos y gyfradd marwolaeth yn aros yn gyson ond yn cynyddu ychydig, mae hyn yn cael ei achosi gan newyn neu glefyd fel y ffliw a darodd y boblogaeth ar ddiwedd y rhyfel byd cyntaf **c**. Yng nghyfnod 5 mae'r gyfradd marwolaeth yn codi'n uwch na'r gyfradd genedigaethau gan ddangos gostyngiad yn y boblogaeth, er mai dyfaliad yn unig yw hwn gan nad yw cyfnod 5 wedi digwydd yn llawn eto. Mae llawer o wledydd yn perthyn i gyfnodau gwahanol fel Awstralia, y DU, Sweeden **ch** ac ati. Mae'r Eidal a Japan hefyd yn perthyn i gyfnod 5 oherwydd bod eu poblogaeth yn heneiddio.

a Dyfarnwyd marc o 8/10. **a** Mae'r diagram yn gywir. **b** Mae'r myfyriwr wedi cynnwys cyflwyniad byr ond nid yw wedi crynhoi'r esboniadau amrywiol ar y diwedd. Mae'r disgrifiad yn gymharol gywir. Mae'n cynnwys esboniadau, er bod ansawdd y mynegiant yn gallu rhoi'r argraff i'r marciwr nad yw'r myfyriwr yn eu deall. **c** Mae'r holl enghreifftiau yn gymharol gywir. **ch** Mae ansawdd iaith y myfyriwr yn amrywio a bydd y marciwr yn anwybyddu'r ffaith fod y gair Sweden wedi'i gamsillafu ar y diwedd, er y bydd yn dylanwadu ar elfen ansawdd iaith y marciau. Mae'r disgrifiadau, y diagram a'r esboniadau yn ddigon i'r myfyriwr ennill gradd A, er gwaethaf camsillafu'r gair Sweden. Ateb Lefel 3 yw hwn sy'n haeddu 8 marc.

Bydd y myfyriwr yn ennill 21/25 marc am y cwestiwn hwn, sy'n radd A.

Enghraifft 2 **Twf poblogaeth, mudo a chyfraddau marwolaethau**

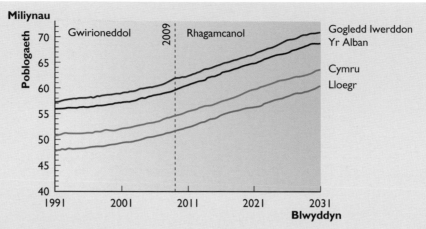

Ffigur 2 Poblogaeth y DU 1991-2031 (ffynhonnell: www.statistics.gov.uk)

(a) Disgrifiwch batrymau'r twf poblogaeth a ddangosir yn Ffigur 2. (5 marc)

> *ⓐ* Mae'r cwestiwn hwn yn gofyn i chi ddangos eich bod yn deall graff syml ac yn gallu dehongli'r data.

(b) Amlinellwch y canlyniadau sy'n deillio o ffoaduriaid a cheiswyr lloches yn llifo i mewn i wledydd ag economïau datblygedig. (10 marc)

> *ⓐ* Mae 'amlinellwch' yn gofyn i chi nodi cymaint o ganlyniadau â phosibl. Bydd angen i chi ddiffinio'r termau a chynnwys enghreifftiau o fwy nag un wlad.

(c) Eglurwch y rhesymau pam mae cyfraddau marwolaethau gwledydd yn amrywio yn ystod DAU gyfnod gwahanol o'r trawsnewid demograffig. (10 marc)

> *ⓐ* Mae'r cwestiwn yn disgwyl esboniadau am yr amrywiadau. Yn ddelfrydol dylech gynnwys data o un wlad ym mhob cyfnod rydych chi'n ei ddewis. Bydd enghreifftiau sy'n deillio o fwy nag un wlad yn cael eu derbyn.

Myfyriwr A

(a) Mae Ffigur 2 yn dangos bod poblogaeth Cymru, Lloegr, yr Alban a Gogledd Iwerddon yn tyfu ac yn parhau i dyfu yn ôl y rhagolygon. Mae poblogaeth Lloegr wedi codi o bron i 48 miliwn yn 1991 i tua 52 miliwn yn 2009 **a**. Bydd yn codi i dros 60 miliwn yn 2031 yn ôl y rhagolygon. Mae cyfanswm poblogaeth y DU wedi codi o dros 57 miliwn i tua 60 miliwn yn 2009. Bydd yn codi i 71 miliwn erbyn 2031 yn ôl y rhagolygon **a**.

Ⓓ **Dyfarnwyd marc o 2/5**. **a** Dim ond disgrifiad o ddwy o elfennau amlycaf y diagram sydd yma. Nid yw'n cyfeirio at y ffaith mai cyfanswm cronnus yw hwn ac nid oes sylw am y cyfansymiau eraill. O ganlyniad, bydd yr ateb hwn yn ennill 2 farc yn unig.

Myfyriwr B

(a) Mae Ffigur 2 yn dangos patrymau twf poblogaeth rhwng 1991 a 2031 **a**. Mae'n dangos bod poblogaeth pob gwlad yn y DU wedi codi o 1991 hyd heddiw a bod disgwyl iddi godi hyd yn oed yn fwy erbyn 2031 **b**. Poblogaeth Lloegr yn 1991 oedd 48 miliwn **b**. Mae hyn wedi codi i 51 miliwn erbyn heddiw ac mae disgwyl iddi godi ymhellach i 61 miliwn erbyn 2031 **b**. Cyfanswm poblogaeth y DU yn 1991 oedd 57 miliwn **b**. Mae wedi codi i 62 miliwn erbyn heddiw ond erbyn 2031 bydd yn cyrraedd 71 miliwn o bobl yn ôl yr amcangyfrifon **c**. Mae hefyd yn ddiddorol nodi sut bydd y gyfradd twf yn cynyddu yn y cyfnod hwn hefyd **c**. Yn y deng mlynedd rhwng 1991 a 2001, cynyddodd poblogaeth y DU 2 filiwn, fodd bynnag yn y deng mlynedd rhwng 2021 a 2031 bydd cynnydd o 5 miliwn yn y boblogaeth yn ôl yr amcangyfrifon **b**.

Ⓓ Dyfarnwyd marc o 5/5. **a** Mae'r ateb yn dangos bod y myfyriwr yn deall y diagram. **b** Mae'n gwneud amrywiaeth o bwyntiau dilys am gyfansymiau absoliwt a chyfansymiau Lloegr. **c** Yn ogystal, nododd a disgrifiodd gyda gwybodaeth ategol y cynnydd yn y niferoedd. Mae hwn yn ateb da iawn o fewn yr amser sy'n cael ei ganiatáu. Bydd yr ateb yn ennill 5 marc.

Myfyriwr A

(b) Ym Mharc Caia yn Wrecsam **a**, er bod y rhan fwyaf o bobl yn dod o gefndir gwyn-Cymreig mae nifer bach o ffoaduriaid Cwrdaidd Iracaidd yn byw ar ran o'r stad. Dioddefodd un o'r ffoaduriaid ymosodiad direswm gan 15 o ddynion gyda barrau haearn a chyllyll **b**. Y noson ganlynol cymerodd dros 200 o bobl ran mewn terfysg a ddechreuodd yn nhafarn y Ddraig Goch **b**. Cafodd bomiau petrol eu taflu ac fe gafodd ceir eu rhoi ar dân **b**. Roedd y digwyddiadau hyn yn dangos y gwrthdaro sy'n digwydd yn aml pan fydd ffoaduriaid a cheiswyr lloches **c** yn symud i wlad fel y DU sydd ag economi ddatblygedig **d**.

Problemau eraill sy'n cael eu creu yw ieithoedd. Mae'n rhaid i wasanaethau fel ysgolion a meddygon wario mwy o arian ar gyfieithwyr er mwyn ymdopi â'r ffoaduriaid a'r ceiswyr lloches. Mae'r arian hwn yn dod o drethi yn aml a gallai olygu bod cyfraddau treth yn cynyddu. **ch d**

Mae hefyd yn bosibl na fydd ffoaduriaid a cheiswyr lloches yn gallu cael gwaith mewn gwledydd fel y DU oherwydd y rhwystr iaith ac mae'n bosibl na fydd llawer o gymwysterau'r ffoaduriaid a'r ceiswyr lloches yn cael eu derbyn. Mae hyn yn eu rhoi dan anfantais fawr pan fyddant yn chwilio am swydd. **ch dd**

Ⓓ **Dyfarnwyd marc o 4/10**. **a** Mae'r enghraifft yn dda ond mae'n cyfeirio at y llif i un ardal ac **b** yn awgrymu mai terfysg yw'r canlyniad. Byddai'n bosibl defnyddio'r enghraifft yn fwy adeiladol i wneud pwynt. **c** Nid oes unrhyw ymdrech i ddiffinio'r termau. **b** Nid yw'n nodi'r rhesymau dros y gwrthdaro ac mae'n awgrymu bod y canlyniadau i gyd yn negyddol. **ch** Nid yw'r ddau baragraff olaf yn cynnwys unrhyw dystiolaeth, er y gallai'r pwyntiau fod yn ddilys. Nid oes cyfeiriad o gwbl at unrhyw enillion i'r wlad. **d** Mae'r myfyriwr yn rhoi'r argraff nad yw wedi darllen llawer o lenyddiaeth ddaearyddol am y testun a'i fod yn dibynnu ar y cyfryngau a'u holl ragfarnau. Mae'r ateb yn gymysgedd o fanylion a gosodiadau amhendant. **dd** Nid oes unrhyw gasgliad i'r traethawd, a bydd yn ennill 4 marc.

Myfyriwr B

(b) Mae yna lawer o ganlyniadau wrth i ffoaduriaid a cheiswyr lloches lifo **a** i mewn i wledydd ag economïau datblygedig. Yn y DU, mae cyfanswm o 800,000 o bobl o Ddwyrain Ewrop wedi symud i'r DU, gyda 500,000 o'r rhain o Wlad Pwyl **b**. Er bod llawer ohonynt yn fudwyr economaidd, mae'r ffigurau yn cynnwys rhai ffoaduriaid a cheiswyr lloches o'r hen Iwgoslafia **b**. Mae eu presenoldeb yn arwain at lawer o ganlyniadau: yn eithaf aml, nid ydynt yn siarad iaith y wlad maen nhw'n symud iddi. Mae hyn wedi creu problem yn Ysgol Gynradd Beeches yn Peterborough, lle mae 700 o fyfyrwyr o 25 gwlad wahanol. Mae angen llawer o gyfieithwyr, sy'n ddrud i'r ysgol ac i'r llywodraeth **c**. Hefyd, mewn rhai ardaloedd o'r DU lle nad oes digon o swyddi, mae'n bosibl dweud eu bod yn cymryd swyddi pobl **c**. Ond yn eithaf aml, maen nhw'n gwneud y swyddi nad yw pobl leol eisiau eu gwneud, fel casglu blodau.

Maen nhw'n rhad iawn i'w cyflogi ac yn barod i weithio oriau hirach na phobl leol. Canlyniad cadarnhaol arall yw'r manteision diwylliannol sy'n dod gyda nhw **c**. Mae'r rhain yn cynnwys crefyddau gwahanol a siopau prydau parod **c**. Yn olaf, mae'r mewnlif yn gallu achosi tensiynau hiliol mewn llawer o ardaloedd, a gallai maestrefi a getos diwylliannol gael eu creu a fyddai'n ddrwg i'r gymuned leol **c**. Enghraifft arall o ffoaduriaid a cheiswyr lloches yn llifo i mewn i economïau datblygedig fyddai pobl o Orllewin Affrica sy'n teithio trwy Libya (lle rhyngol) i gyrraedd Ewrop gan arwain at ganlyniadau tebyg **ch**.

ⓐ Dyfarnwyd marc o 7/10. **a** Nid oes unrhyw ddiffiniadau. **b** Byddai'r enghreifftiau'n fwy perthnasol pe bai'r ateb yn canolbwyntio ar Groatiaid a Serbiaid yn hytrach na Phwyliaid. **c** Mae'r canlyniadau'n dilyn yr egwyddorion cywir, ond nid yw'r grwpiau sy'n cael eu trafod yn cynnig y gefnogaeth orau. **ch** Mae'r frawddeg olaf yn awgrymu bod y myfyriwr yn gwybod beth yw ffoadur, ond yn gynharach mae'r ateb yn trafod materion mudo yn gyffredinol. Fodd bynnag, mae'r egwyddorion yn ddigon i ennill 7 marc am yr ateb hwn.

Myfyriwr A

(c) Yn yr Eidal, mae'r gyfradd marwolaethau yn isel iawn oherwydd bod gofal iechyd llawer gwell ar gael nag sydd mewn gwlad fel Tanzania sydd ar gyfnod is yn y model trawsnewid demograffig **a**. Sefydlwyd gwasanaeth iechyd cyhoeddus rhad ac am ddim yn yr Eidal yn 1978. Roedd hyn yn caniatáu mynediad i ofal iechyd da i bobl nad oeddent yn gallu ei fforddio tan hynny. Gwnaeth hyn gynyddu disgwyliad oes a gostwng cyfradd marwolaethau **b**.

Rheswm arall pam mae'r gyfradd marwolaethau yn isel yw ers 1945 mae llawer o ddiwydianeiddio a gwrthdrefoli wedi digwydd yn yr Eidal **b**. Mae hyn yn golygu bod economi'r Eidal wedi tyfu cryn dipyn ac felly mae mwy o bobl yn gyfoethog. Yn gyffredinol **ch** mae hyn yn golygu bod y cyfradd marwolaethau yn is gan fod pobl yn gallu fforddio safon uchel o fyw **b**.

Yn Tanzania, mae llawer o broblemau wedi bod o ran clefydau yn cael eu cludo yn y dŵr fel colera oherwydd diffyg dŵr glân mewn llawer o ardaloedd yn y wlad. Mae hyn wedi cynyddu'r gyfradd marwolaethau yn sylweddol ac wedi bod yn un ffactor pam mae'r disgwyliad oes yn 47 oed yn unig **b c**.

Yn gyffredinol mae Tanzania yn wlad llawer tlotach na'r Eidal. O ganlyniad, mae llawer o bobl yn rhy bell oddi wrth gyfleusterau meddygol a heb ddigon o arian i deithio yno neu i dalu am y triniaethau. Mae hyn yn arwain at lawer o bobl yn marw pan fyddent wedi goroesi o bosibl os oedden nhw'n byw yn yr Eidal.

ⓐ **Dyfarnwyd marc o 5/10**. **a** Mae'r cyflwyniad yn enwi dwy wlad ond nid yw'n nodi i ba gyfnod o'r model maen nhw'n perthyn. **b** Nodir dau reswm am gyfradd marwolaethau isel ond nid yw'r myfyriwr yn nodi at ba gyfnod o'r model mae'r ateb yn cyfeirio. Peidiwch â thybio bod yr arholwr yn gwybod. Byddai Tanzania yn gyferbyniad da pe bydden ni'n gwybod pa gyfnod o'r trawsnewid oedd yn cael ei drafod. **c** Dim ond un ffigur sy'n cael ei ddyfynnu yn yr ateb cyfan. Dylai'r ateb gynnwys ffigurau sy'n dangos y cyfraddau marwolaeth gwahanol. **ch** Mae'r ateb yn rhy gyffredinol (mae hyd yn oed y myfyriwr ei hun yn defnyddio'r geiriau 'yn gyffredinol') ond mae'r esboniadau yn ddilys i ryw raddau. Rhoddir 5 marc am yr ateb hwn am y pwyntiau cyffredinol.

Byddai'r myfyriwr hwn yn cael sgôr o 11/25 mwy na thebyg, sydd ar y ffin rhwng gradd C/D. Byddai data manwl gywir, gwybodaeth am y MTD ac esboniadau gwell yn codi'r marc hwn.

Myfyriwr B

(c) Mae Namibia a'r DU wedi cyrraedd 2 gyfnod gwahanol o'r model trawsnewid demograffig. Mae Namibia wedi cyrraedd cyfnod 2 o'r model sy'n golygu bod ei chyfradd marwolaethau yn uchel iawn, 20/000 **a b**. Mae sawl rheswm dros hyn. Mae Namibia yn wlad LlEDd, sy'n golygu nad yw'r economi mor ddatblygedig ag economïau fel y DU **a**. Oherwydd hyn, nid oes cymaint o ofal iechyd ac nid yw meddyginiaethau ar gael bob amser, sy'n effeithio ar y gyfradd marwolaethau. Hefyd, nid yw addysg mewn gwledydd LlEDd mor llwyddiannus â gwledydd MEDd, felly nid yw pawb yn cael addysg neu'n ymwybodol o ryw a chlefydau **c**. Mae prinder dulliau atal cenhedlu yn golygu bod AIDS yn achos marwolaeth cyffredin mewn gwledydd o'r fath, sydd hefyd yn effeithio ar y gyfradd marwolaethau **c**. Yn y DU sydd yng nghyfnod 4/5 o'r Model Trawsnewid, mae gofal iechyd ar gael yn eang ac mae addysg am glefydau fel AIDS ar gael yn eang, nid yn unig yn yr ysgol ond trwy hysbysebion ar y teledu a'r rhyngrwyd **c**. Mae digon o fwyd ar gael hefyd tra bod bwyd yn brin yn Namibia ac mae llawer o bobl yn dibynnu ar gymorth Asiantaethau Cymorth a rhoddion. Oherwydd bod pobl yn byw'n hirach yn y DU (disgwyliad oes 79 ond yn 50 yn Namibia) mae'r DU yng Nghyfnod 4 yn bendant gyda chyfradd marwolaeth o 6/000 **b**.

ⓐ Dyfarnwyd marc o 7/10. **a** Mae'r ateb hwn yn nodi rhai esboniadau am y gyfradd marwolaeth uchel yng Nghyfnod 2 o gymharu â Chyfnod 4. **b** Mae'n dyfynnu rhai ffigurau i gefnogi'r ateb, sy'n gwneud synnwyr hyd yn oed os nad ydynt yn gwbl gywir. Mae prinder deunydd ar y DU, o bosibl oherwydd nad oedd ganddo ddigon o amser. **c** Fodd bynnag, mae'r egwyddorion yn cael eu hegluro'n gryno ac mewn perthynas â'r model. Mae'r ateb yn haeddu 7 marc.

Gyda marc terfynol o 19/25, dylai'r cwestiwn hwn osod y myfyriwr yn uwch na'r ffin A/B.

Thema 2 Cwestiwn 2

Enghraifft 3 Strwythur cymdeithasol a defnydd tir

a)

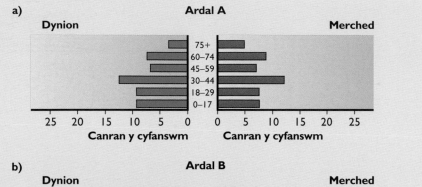

b)

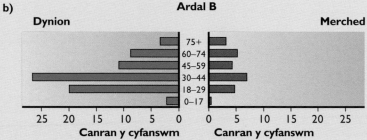

c)

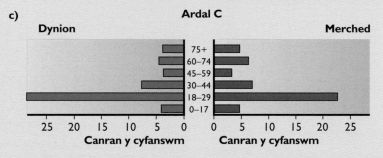

Ffigur 3 Pyramidiau oed/rhyw ar gyfer tair ardal o San Diego, UDA

(a) Astudiwch Ffigurau 3(a), (b) ac (c), sy'n dangos pyramidiau poblogaeth ar gyfer tair ardal o San Diego, UDA. Awgrymwch leoliadau posibl yn y ddinas ar gyfer y tri phyramid, gan gyfiawnhau eich atebion.

(5 marc)

a I ateb y cwestiwn hwn rhaid i chi ddeall pyramidiau poblogaeth (Thema 1) a strwythur cymdeithasol dinasoedd (Thema 2). Mae 'cyfiawnhau' yn gofyn i chi egluro eich awgrym trwy roi tystiolaeth gryno.

(b) Amlinellwch y ffactorau economaidd sy'n helpu i greu ardaloedd preswyl gwahanol mewn ardal drefol fawr.

(10 marc)

❶ I ateb y cwestiwn hwn rhaid i chi roi cymaint o resymau â phosibl. Er bod y cwestiwn yn cyfeirio at ardal drefol fawr, dylech geisio cynnwys enghreifftiau o un ddinas neu fwy.

(c) Eglurwch sut a pham mae ailddatblygu yn digwydd yn y CBD. (10 marc)

❶ Mae 'sut' yn gofyn i chi gyfeirio at enghreifftiau go iawn ac mae 'pam' yn gofyn i chi egluro'r newidiadau. Rhaid canolbwyntio ar ailddatblygu.

Myfyriwr A

(a) Ardal A yw'r ddinas fewnol tra bod ardal B yn ardal lle mae dynion wedi mewnfudo **a b**. Mae llawer o bobl ifanc yn Ardal C sydd efallai'n dai myfyrwyr **a b**.

❶ **Dyfarnwyd marc o 3/5**. **a b** Mae'r ateb yn gywir ond yn fyr ac mae'n ennill 3 marc yn unig oherwydd ei fod yn cyfiawnhau heb dystiolaeth.

Myfyriwr B

(a) Mae'n ymddangos bod Ardal A yn faestref sefydledig oherwydd bod ystod oedran ei phoblogaeth yn eang **a**. Ychydig iawn o ferched sydd yn Ardal B a gallai fod yn unrhyw le sy'n denu dynion yn bennaf **b**. Gallai hon fod yn ardal i fewnfudwyr neu'n ardal ar gyfer y boblogaeth Hoyw **b ch**. Pobl rhwng 18 a 29 oed sy'n byw yn Ardal C yn bennaf sy'n awgrymu y gallai fod yn ardal lle mae pobl ifanc yn byw ar ôl gadael cartref **c ch**. Gallent fod yn fyfyrwyr.

❶ Dyfarnwyd marc o 5/5. **a** Mae'r ateb hwn am Ardal A yn gywir ac yn cael ei gyfiawnhau gan ei bod yn ardal breswyl yn y maestrefi. **b** Mae'r wybodaeth am Ardal B bron yn gywir ond nid yw'n lleoli'r pyramid er bod yr ateb yn lled-gyfeirio at y rhesymau. Mae'n agos at y CBD ac yn ardal sy'n gartref i ddynion ifanc uchelgeisiol – nid pobl sy'n magu teuluoedd gan fod cyn lleied o blant yno. **c** Mae Ardal C yn gywir; mae'n ardal o amgylch y brifysgol sy'n gartref i fyfyrwyr. **ch** Mae sawl cyfiawnhad yn yr ateb.

Myfyriwr A

(b) Mae prisiau tir yn ffactor gan fod y rhan fwyaf o'r tir rhatach ymhellach i ffwrdd o'r CBD ond mae'n bosibl y bydd tai sy'n bellach i ffwrdd yn ddrutach gan nad yw pobl gyfoethog eisiau byw yn agos at y sŵn a'r mathau eraill o ymyrraeth sy'n gysylltiedig â'r CBD **a**.

Mae cost cludiant hefyd yn bwysig oherwydd os nad yw rhywun yn gallu fforddio car neu docyn bws mae'n mynd i symud yn agosach at CBD. Mae'r gwrthwyneb yn wir oherwydd ni fydd pellter yn ffactor felly gall pobl symud ymhellach i ffwrdd o'r ddinas os ydyn nhw eisiau **b d**.

Bydd hyn yn arwain at ardaloedd preswyl dwysedd uchel yn cael eu creu yn agosach o lawer at ganol y ddinas er mwyn torri costau cludiant. Bydd pobl fwy cyfoethog yn byw mewn ardaloedd dwysedd canolig ac isel sy'n bellach o lawer i ffwrdd o'r ddinas **c d**.

> Y ffactor arall yw rhent tai, nid yw tai mawr yn agosach at y CBD oherwydd cost y tir. Felly mae rhenti'n uwch allan yn yr ardaloedd hynny o gymharu ag ardaloedd sy'n agosach at y CBD. Mae hyn yn creu nodweddion gwahanol gan fod mwy o fflatiau yn y dref nag ar gyrion y dref **a** **ch** **d**.

ⓐ Dyfarnwyd marc o 5/10. a Yn y paragraff cyntaf a'r paragraff olaf mae'r traethawd hwn yn pwysleisio cyfraniad costau tir (byddai wedi bod yn bosibl defnyddio'r term cromlin rhent cynnig yma). **b** Mae'r ail baragraff yn cyfeirio at gostau cludiant. **c** Gallai'r trydydd paragraff fod wedi bod yn gasgliad. **ch** Mae'r traethawd yn cymharu elfen fewnol ac allanol y ddinas yn unig ac nid yw'n ystyried unrhyw raniad manwl o ardaloedd sy'n deillio o fudo, oedran a gallu i dalu (myfyrwyr), a hyd yn oed swyddogaeth porthgeidwaid (*gatekeepers*) (gwerthwyr eiddo sy'n hyrwyddo ardaloedd er mwyn ennill ffioedd uwch). **d** Ateb Lefel 2 yw hwn gan nad yw'r wybodaeth na'r esboniadau yn gyflawn. Nid oes unrhyw enghreifftiau ac mae'r iaith braidd yn rhy syml.

Myfyriwr B

(b) Mae sawl ffactor economaidd yn arwain at ardaloedd preswyl gwahanol yn y ddinas. Mae'r gromlin rhent cynnig yn dweud bod pobl gyfoethog yn fodlon talu mwy am ofod ac felly mae cyrion dinasoedd yn tueddu i ddenu pobl â mwy o arian **a**. Mewn cyferbyniad mae pobl dlotach yn gallu fforddio llai o ofod ac maen nhw'n byw mewn tai teras fel yn Abertawe fewnol **b**.

Bydd bod yn agos at gysylltiadau cludiant da yn codi prisiau eiddo ac felly dim ond pobl ag arian fydd yn gallu fforddio byw mewn ardaloedd â chludiant cyhoeddus da neu gysylltiadau ffordd da a chyflym â chanol y ddinas **a**.

Bydd y gallu i gael benthyciad am forgais hefyd yn arwain at ardaloedd â thai mawr yn denu pobl dosbarth canol yn unig. Mae gwerthwyr tai yn gallu gwneud ardaloedd yn fwy dosbarth canol trwy anfon pobl dosbarth canol yn unig yno i edrych ar dai **a**.

Bydd pris eiddo sy'n agos at ysgolion da yn uwch ac felly dim ond pobl sy'n gallu fforddio'r tai fydd yn gallu prynu yn agos i ysgol. Mae hyn yn gwahanu pobl hefyd **a**. Mae hyn yn digwydd mewn llawer o drefi fel Kingston **b**.

Yn aml mae'r bobl gyfoethocaf eisiau byw yn agos iawn at ganol y ddinas mewn hen warysau neu flociau o fflatiau newydd mewn ardaloedd sydd wedi'u hadfywio fel Bae Caerdydd a Dociau Llundain **b**.

ⓐ Dyfarnwyd marc o 7/10. a Mae'r ateb hwn yn cynnwys amrywiaeth o ffactorau economaidd ac mae rhai **b** yn nodi enghreifftiau. Byddai'r ateb wedi cael marc uwch pe bai'n cynnwys ychydig mwy o enghreifftiau neu fwy o fanylion. Fodd bynnag, mae'n ateb gradd A oherwydd ei fod yn deall y ffactorau.

Myfyriwr A

(c) Mae ailddatblygu'n digwydd yn y CBD am sawl rheswm. Yn gyntaf, mae'r CBD yn hen ac mae pobl eisiau adeiladau newydd ar gyfer siopau a swyddfeydd **a**. Mae hen siopau yn cael eu dymchwel a rhai newydd fel Primark yn cael eu hadeiladu **b** oherwydd bod pobl eisiau dillad rhad gan na allant fforddio mwy **c**. Weithiau mae siopau adrannol mawr newydd yn agor fel John Lewis yng Nghaerdydd **a b**. Roedd rhaid iddynt ddymchwel adeiladau yn gyntaf. Mae canol dinasoedd wedi colli siopau i ganolfannau siopa y tu allan i'r dref. Mae rhai siopau wedi cau oherwydd y wasgfa gredyd **a**.

Mae pobl yn hoffi cerdded o gwmpas y siopau ac felly mae'r cyngor wedi pedestreiddio'r brif stryd siopa ac weithiau maen nhw wedi gorchuddio'r ffordd fel bod siopa yno'n fwy dymunol **ch**.

Mae llawer o swyddfeydd yn y CBD nawr mewn nendyrau. Maen nhw'n fawr oherwydd bod y cwmnïau sy'n eu defnyddio yn fawr ac angen llawer o ofod arnynt **d**. Mae pobl yn teithio i'r gwaith o'r maestrefi ac mae'n rhwyddach i gyrraedd canol y dref. Mae clybiau nos bob amser yn y CBD oherwydd bod pobl ifanc eisiau clybiau nos **dd**. Mae llawer o newidiadau yn y CBD **e**.

ⓐ Dyfarnwyd marc o 5/10. **a** Er bod yr ateb hwn wedi'i lunio'n wael mae'n arddangos rhywfaint o wybodaeth. **b** Mae'n awgrymu bod siopau newydd yn cyrraedd y CBD ac mae'n nodi enwau rhai siopau. **c** Mae'n cyfeirio at gystadleuaeth am y CBD ond nid yw'n rhoi eglurhad pellach. **ch** Mae'n cynnwys adran ar bedestreiddio a **d** rhai brawddegau ar swyddfeydd gyda rhywfaint o ymresymu. **dd** Mae'n cyfeirio at adloniant ond nid yw'n cynnwys unrhyw ymresymu manwl. Mae'n sôn am un lle yn unig, er mae'n debyg bod yr ateb cyfan yn cyfeirio at Gaerdydd. **e** Nid yw'r frawddeg sy'n cloi'r gwaith yn crynhoi'r ateb. Mae'n disgrifio'r newidiadau yn hytrach na dweud pam mae'r newidiadau wedi digwydd. Byddai'r pedwar newid sy'n cael eu nodi yn yr ateb yn ddigon i ennill 5 marc. Nid oes digon o eglurhad i ennill mwy o gredyd.

Myfyriwr B

(c) Yn yr 20 mlynedd diwethaf, mae ailddatblygu wedi digwydd yn CBDau llawer o ddinasoedd trefol **a**, gan gynnwys Birmingham er mwyn dod â siopwyr a thrigolion yn ôl i ganol y ddinas. Yn y 1970au a'r 1980au aeth Birmingham trwy broses o ddad-ddiwydianeiddio ac arweiniodd hyn at ddiweithdra mawr a ffatrïoedd segur a gafodd eu troi yn safleoedd adwerthu. Aeth cymunedau fel Aston yn ardaloedd o amddifadedd hefyd **ch**. Mae hyn yn troi rhan fuddsoddwyr oddi wrth y ddinas fewnol a'u harwain at adeiladu tai a chyfleusterau siopa newydd yn ogystal â gwasanaethau eraill ar y safleoedd tir glas rhatach, mwy hygyrch a dymunol eu natur **b**. Mae hyn hefyd yn arwain at ddatganoli adwerthu gan adeiladu cyfleusterau siopa mawr y tu allan i'r dref, yn bell o'r CBD. Yng nghytref Birmingham, mae Merry Hill yn Dudley, Marshall Lake yn Shirley a Fortin Stourbridge i gyd yn enghreifftiau o ddatganoli adwerthu **c**. Cafodd CBD Birmingham ei ailddatblygu gyda chanolfan siopa newydd y Bull Ring fel canolbwynt, yn cyflogi dros 8,000 o bobl ac yn costio dros £500 miliwn, gyda'r Mailbox yn y gylchfa gymathu yn ogystal â'r fflatiau o ansawdd uchel i ddenu trigolion i'r CBD **a b**. Roedd ailddatblygu a boneddigeiddio **a** CBD Birmingham yn ymgais i ddod â siopwyr yn ôl i Birmingham, mae 370 miliwn o bobl yn ymweld â'r Bull Ring bob blwyddyn **c** ac mae'n denu pobl gyfoethog i fyw yno. Bydd hwn, gobeithio, yn hwb i statws yr ardal **b**, yn hybu mwy o ddatblygu ac yn atal rhagor o amddifadedd a dirywiad yn y ddinas fewnol.

ⓐ Dyfarnwyd marc o 7/10. Mae'r traethawd hwn wedi nodi **a** sut a **b** pham mae detholiad o newidiadau wedi digwydd ac **c** wedi cynnwys rhywfaint o wybodaeth am adwerthu. Mae hefyd yn cyfeirio at agweddau ar breswylio yn y CBD. **ch** Mae peth o'r wybodaeth yn crwydro oddi wrth y CBD. Mae'r wybodaeth a ddangosir yn haeddu gradd A, er bod ansawdd yr iaith a'r prinder paragraffau yn amharu ar yr ateb. Mae'r ateb yn haeddu 7 marc oherwydd ei wybodaeth.

Enghraifft 4 **Canfyddiadau o wledigrwydd**

Ffigur 4(a)   Ffigur 4(b)

(a) Defnyddiwch Ffigurau 4(a) a (b) i awgrymu pam mae canfyddiadau o fywyd gwledig yn ffactorau tynnu cryf o safbwynt gwrthdrefoli. (5 marc)

@ Mae'r cwestiwn hwn yn profi eich gallu i ddehongli ffotograffau. Byddwch yn ennill marciau wrth gyfeirio at y ffotograffau yn eich ateb.

(b) Amlinellwch sut mae canfyddiadau o wledigrwydd wedi arwain at newidiadau yn natur aneddiadau gwledig. (10 marc)

@ I ennill y marciau uchaf ar gyfer y cwestiwn hwn, rhaid cael tystiolaeth ategol.

(c) Eglurwch pam mae'r cyrion gwledig-trefol yn newid. (10 marc)

@ Byddai'n ddefnyddiol diffinio beth yw cyrion gwledig-trefol. Mae'n rhaid i chi amlinellu rhai newidiadau a dweud pam maen nhw'n digwydd.

Myfyriwr A

(a) Mae gwrthdrefoli'n digwydd pan fydd pobl yn symud o'r ddinas i gefn gwlad **a**. Fel mae Ffig. 4(a) yn ei ddangos, mae pentrefi gwledig yn cael eu gweld fel lleoedd tawel a glân **b**. Does dim sbwriel ar y palmentydd ac mae'r llystyfiant yn daclus. Mae'n debyg bod lefel y traffig yn isel. Y syniad sydd gan bobl am fywyd gwledig yw tai sydd fel bythynnod gyda gerddi mawr **c**, dreif ac efallai garej fel mae Ffigur 4(b) **b** yn ei ddangos.

> Mae pobl yn ystyried bod ardaloedd gwledig yn fwy heddychlon a bod bywyd maestrefol yn golygu tafarn leol a chymdogion cyfarwydd (Ffig. 4(a)) **b**. Bydd dreif breifat gan rai o'r tai (4b) a phobl yn gallu parcio'n ddiogel ac yn hawdd mewn aneddiadau gwledig a pharhau i allu teithio i'r gwaith.
>
> Mae Ffigur 4(b) yn dangos gardd hyfryd ac mae 4(a) yn dangos cymuned ddymunol a glân **b** ac mae pobl yn disgwyl i bob ffordd o fyw wledig fod yn debyg i hyn ac mae hyn yn ddelfrydedd gynyddol **c**.

ⓐ **Dyfarnwyd marc o 5/5**. **a** I ddechrau, mae'r ateb yn diffinio gwrthdrefoli. **b** Mae'n ateb hir ar gyfer cwestiwn 5 marc ac mae'n defnyddio'r adnoddau i wneud pwyntiau fel y nodwyd yn y cwestiwn **c**. Mae hyd yn oed yn cydnabod canfyddiad, er ei fod yn defnyddio'r term aneglur 'delfrydedd'.

Myfyriwr B

> **(a)** Mae'r ffotograffau'n dangos pentref nodweddiadol gyda stryd yn mynd trwyddo **a b**. Mae llawer o hen adeiladau gyda llawer o simneiau sy'n dangos eu bod yn hen **a**. Mae pobl yn hoffi symud i ardaloedd fel hyn lle mae tafarn **ch**. Bydd y pentref hwn yn denu pobl â llawer o arian, a dyna beth yw gwrthdrefoli, pobl gyfoethog yn symud i bentrefi **a c**. Maen nhw'n gallu cymudo mewn ceir i'r trefi mawr. **ch**

ⓐ Dyfarnwyd marc o 3/5. **a** Mae'r pwyntiau sy'n cael eu gwneud yn eithaf cywir ond nid ydynt yn cael eu mynegi'n ddigon clir. **b** Dim ond un cyfeiriad uniongyrchol sydd at y ffigur. **c** Mae'r diffiniad o wrthdrefoli yn anghyflawn. **ch** Mae'r ateb yn rhy ddisgrifiadol ac nid oes digon o gysylltiad â gwrthdrefoli a chanfyddiad i ennill mwy na 3 marc.

Myfyriwr A

> **(b)** Mae canfyddiadau o wledigrwydd wedi newid ar gyfer lleoedd gwahanol. Yr astudiaeth achos y gwnaethon ni ei hastudio oedd Framlingham, **a** a welodd gynnydd dramatig yn ei phoblogaeth. Rhwng 1981 a 2001, cynyddodd y boblogaeth gymaint â 42% o 2, 190 i 3,114 ac roedd amcangyfrif y byddai'n codi i hyd at 3,320 erbyn 2006. Treblodd prisiau tai mewn 17 mlynedd o £60,000 am dŷ pâr tair ystafell wely, nawr mae'r un tŷ yn costio £180,000 **a**. Mae pobl yn ystyried bod lleoedd fel Framlingham yn debyg i 'focs siocled' lle mae popeth yn berffaith ac yn ddelfrydol, ond mae'n bosibl bod y realiti yn wahanol **b**. Mae yna broblemau'n gysylltiedig â 35 hectar o dir agored a gafodd ei golli oherwydd datblygu dros 646 o dai newydd. Yn ogystal, mae llif y traffig wedi cynyddu i mewn ac allan o'r pentref **c**. Oherwydd y nifer presennol o dai sy'n cael eu creu mae llifogydd a llif trostir wedi cynyddu o'r tai newydd sy'n cael eu hadeiladu ar safleoedd tir glas gan rwystro'r draeniad naturiol **c** rhag gweithio. Canfyddiad pobl yw bod y tywydd yn braf yn y lleoedd hyn ond ar ôl i bawb symud i mewn mae eu barn yn newid. Mae pobl ifanc wedi gorfod symud allan gan fod tai yn gallu bod yn ddrud a hyd at 10 gwaith eu hincwm cyfartalog.

ⓐ **Dyfarnwyd marc o 8/10**. **a** Mae'r ateb hwn yn amlinellu'r newidiadau yn natur yr aneddiadau yn eithaf da trwy ddefnyddio enghraifft yn gymharol effeithiol. **b** Yr unig wybodaeth am ganfyddiadau o wledigrwydd yw'r cyfeiriad at bentrefi bocs siocled. Mae pobl hefyd yn nodi tawelwch, cymuned, gwasanaethau sylfaenol gerllaw, a diogelwch, yn ogystal â chynnydd yng ngwerth eiddo. **c** Mae'n defnyddio enghraifft dda ac mae'n amlinellu'r newidiadau, gan gynnwys newidiadau amgylcheddol, gan lwyddo i gysylltu amgylcheddau ffisegol newidiol ag aneddiadau gwledig newidiol.

Myfyriwr B

(b) Y syniad sydd gan lawer o bobl yw bod prisiau tai yn gymharol isel mewn ardaloedd gwledig fel Swydd Amwythig **a**. Fodd bynnag, oherwydd bod cymaint o alw am y tai gwledig hyn mae pris cyfartalog tai yn Swydd Amwythig wedi cynyddu'n fawr dros y blynyddoedd diwethaf **a**.

Yn ogystal, mae llawer o bobl hefyd yn symud eu teuluoedd allan i ardal wledig **a** oherwydd eu bod yn credu y bydd yr ardal yn dawel iawn heb lawer o draffig. Fodd bynnag, oherwydd bod mwy o bobl yn berchen ar geir 4×4 mae'n llawer prysurach yn yr ardaloedd hyn nawr **b**. Mae'r ffaith fod 55% o farwolaethau ar y ffordd nawr yn digwydd ar ffyrdd gwledig yn cefnogi hyn. Felly, mae'r syniad bod bywyd gwledig yn fywyd tawel a diogel nawr wedi newid er gwaeth **a**.

Yn ogystal, mae'n bosibl bod y syniad o gael digon o amser a chyfle i fwynhau cefn gwlad wedi newid hefyd oherwydd bod cymaint o bobl sy'n byw yno yn gorfod cymudo am filltiroedd i weithio mewn ardal drefol bob dydd. Mae hyn hefyd yn gallu gadael gwragedd neu blant ar eu pen eu hunain am amser hir mewn lleoliad anghysbell iawn **b**. O ganlyniad, mae'r syniad o fywyd â theimlad cryf o gymuned leol **a** yn gallu bod yn anghywir yn aml hefyd **a**.

ⓐ Dyfarnwyd marc o 5/10. **a** Mae'r ateb hwn yn cyfeirio at syniadau ond mae'n tueddu i'w hamlinellu mewn ffordd gyffredinol heb enghreifftiau o le go iawn. Trwy gyfeirio at Swydd Amwythig yn gyffredinol, nid yw'r ateb yn rhoi enghraifft o ardal wledig benodol. Byddai'n well canolbwyntio ar le penodol fel Shawbury a defnyddio'r pentref hwn i egluro'r pwyntiau sy'n cael eu gwneud. **b** Mae rhai o'r syniadau'n amhendant, e.e. y pwyntiau am y traffig a hyd yn oed yr awgrym bod merched a phlant yn cael eu gadael ar eu pen eu hunain.

Myfyriwr A

(b) Y cyrion gwledig-trefol yw'r ardal o dir rhwng ardaloedd trefol y CBD a'r ardaloedd gwledig **a**.

Mae'r cyrion gwledig-trefol yn newid gan ei fod yn safle tir glas oherwydd bod pentrefi yn arfer bod yno. Mae safle tir glas yn well i ddatblygwyr oherwydd does dim byd wedi bod ar y tir o'r blaen felly does dim byd wedi effeithio ar y tir lle mae'r tai'n cael eu hadeiladu **d**.

Mae'r twf poblogaeth yn achosi newid yn y cyrion gwledig-trefol oherwydd bod angen mwy o dai ar gyfer y boblogaeth **b**. Mae'r cyrion gwledig-trefol hefyd yn newid o fod yn wledig i fod yn fwy trefol oherwydd bod angen mwy o ardaloedd fel parciau i'w defnyddio gan deuluoedd **d**.

Mae'r tir yn rhad i ddatblygwyr ei brynu ar gyfer adeiladu arno felly dyma fantais y cyrion gwledig-trefol **ch**.

Wrth i'r boblogaeth dyfu **b** mae angen mwy o gyfleusterau fel ysgolion, colegau, ysbytai, siopa a hamdden **d**. Mae hyn yn debyg i gyrion gwledig-trefol Truro sydd â'r holl gyfleusterau hyn ac sy'n gartref i rai pobl sy'n gweithio'n lleol ac sydd â'u cyfleusterau yn yr un ardal **dd**.

Mae'r cyrion gwledig-trefol hefyd yn newid oherwydd bod teuluoedd yn symud allan o'r CBD ac o ardaloedd y ddinas fewnol felly maen nhw angen lle i ymlacio a magu plant **c**.

Ychydig o flynyddoedd yn ôl byddai'r cyrion gwledig-trefol wedi bod yn llawn pentrefi ond wrth i'r boblogaeth dyfu **b** mae pobl eisiau mwy o gyfleusterau ac ansawdd bywyd gwell felly mae'r cyrion gwledig-trefol wedi newid i ddarparu hyn.

ⓐ Dyfarnwyd marc o 6/10. **a** Mae'r ateb hwn yn ceisio rhoi diffiniad sy'n rhannol gywir. Mae'n priodoli newid yn bennaf i **b** dwf poblogaeth a **c** mudo. **ch** Mae'n nodi'r galw am dai a **d** defnydd eraill. Mae'r pwysau gan ddatblygwyr yn cael ei gyflwyno tua'r dechrau. **dd** Nid oes digon o fanylion i ategu un o'r enghreifftiau. Bydd yr arholwr yn marcio ar sail y rhesymau sy'n cael eu rhoi, sy'n gyffredinol, ac yn anwybyddu'r gwallau fel mudo o'r CBD a'r defnydd o CBD yn y diffiniad. Bydd yr ateb hwn yn ennill 6 marc, sydd ychydig o dan y ffin gradd A.

Bydd cyfanswm sgôr y myfyriwr hwn yn 19/25, sy'n radd A isel.

Myfyriwr B

(c) Mae aneddiadau gwledig yn newid **a** oherwydd bod newid yn eu **b** poblogaeth gan fod llai o ffermwyr a mwy o bobl gyfoethog yn symud i mewn **c**. Mae hyn oherwydd bod mwy o bobl yn galw am gartrefi gwyliau neu gartrefi penwythnos lle mae pobl sy'n gweithio yn y ddinas yn dod i fyw yng nghefn gwlad dros y penwythnos **c ch**. Mae manteision ac anfanteision i'r newid hwn mewn aneddiadau gwledig **a**, y manteision yw bod angen gwella ansawdd ffyrdd a hygyrchedd wrth i fwy o bobl symud i'r trefi gwledig llai sydd hefyd yn **b** well i bobl leol a chymudwyr. Enghraifft arall o **b** uwchraddio yw'r ffaith y bydd mwy o siopau wrth i'r boblogaeth gynyddu sy'n **b** rhoi hwb i'r economi leol. Mae anfanteision mawr i'r newidiadau hyn **a**, wrth i'r ffyrdd wella bydd pobl yn defnyddio ffyrdd yr aneddiadau gwledig i gyrraedd y trefi mawr yn gynt. Y problemau mwyaf gyda hyn **b** yw dylifiad trigolion a'r cynnydd mewn prisiau tai i'r pwynt lle na fydd pobl leol yn gallu fforddio prynu yn eu **b** pentref eu hunain ar y cyrion **a c** ac yn ail wrth i fusnesau newydd ddod i'r pentrefi a gorfodi'r hen rai i gau **ch**.

ⓓ Dyfarnwyd marc o 4/10. **a** Mae'r ateb hwn yn gyffredinol iawn a dim ond wrth basio mae'n cyfeirio at y cyrion gwledig-trefol oherwydd ei fod yn rhagdybio bod newidiadau i aneddiadau yn gyfystyr â'r cyrion. **b** Mae'r gramadeg a'r sillafu yn wael. **c** Mae rhai pwyntiau dilys yn cael eu gwneud mewn ffordd sylfaenol. **ch** Nid oes tystiolaeth i gefnogi rhai o'r pwyntiau. Bydd yr ateb yn ennill 4/10 am y sylwadau cyffredinol, gan sicrhau gradd D ar y mwyaf.

Bydd cyfanswm sgôr y myfyriwr hwn yn 12/25, sy'n radd C isel.

Thema 3 Cwestiwn 3: Ymchwil yn cynnwys gwaith maes

Enghraifft 5 Ymchwilio i newid yn y ddinas fewnol

⌐ 100 metr ⌐

G
↑

Ffigur 5 Ffotograff awyr fertigol o ran o ddinas fewnol yn y DU

Astudiwch Ffigur 5 a ddefnyddiwyd mewn ymchwiliad i newid yn y ddinas fewnol.

(a) Disgrifiwch y gwahanol fathau o ddefnydd tir sydd i'w gweld yn y ffotograff. (7 marc)

@ Mae'r cwestiwn hwn yn profi eich sgiliau dehongli ffotograffau. Dylech wneud yn siŵr eich bod yn lleoli a nodi'r gwahanol fathau o ddefnydd tir.

Daearyddiaeth UG CBAC

(b) **Awgrymwch a chyfiawnhewch sut byddech chi'n cynllunio arolwg holiadur i ymchwilio i UN o'r agweddau canlynol ar newid yn y ddinas fewnol: (i) amgylcheddol, (ii) economaidd, (iii) cymdeithasol.** (8 marc)

ⓐ Dim ond *un* agwedd sydd angen i chi ei hastudio – os ydych chi'n ysgrifennu am agweddau eraill, bydd yr arholwr yn marcio'r ateb gorau yn unig. Mae dwy elfen: awgrymu holiadur a chynllunio sut i'w ddefnyddio.

(c) **Gwerthuswch ymchwiliad a gynhaliwyd gennych i amgylchedd dynol newidiol. Dylech nodi cwestiwn eich ymchwiliad yn glir.** (10 marc)

ⓐ Mae'r cwestiwn yn gofyn i chi asesu'r project cyfan – pa agweddau oedd yn llwyddiannus, pa ganlyniadau oedd yn ddibynadwy a beth oedd y gwendidau. Cofiwch roi teitl i'r astudiaeth.

Myfyriwr A

(a) I gyfeiriad y gogledd-ddwyrain **b** mae parc bach **a** i drigolion gerdded a hamddena. Ychydig i'r de **b** o'r ardal hon mae ardal rhandiroedd. Yn y de mae nifer mawr o geir wedi'u parcio o bosibl tua 150 m o orsaf **a**. Fodd bynnag, mae'n ymddangos eu bod yn agos at adeiladau mawr sy'n cael eu defnyddio o bosibl ar gyfer adwerthu neu fusnes. I gyfeiriad y de-ddwyrain **b** mae'n ymddangos bod yna hen ffatri a oedd yn arfer bod â mynediad rheilffordd wrth amlinell ei safle. Ychydig uwchben **c** yr hen ffatri mae yna ffatri fwy newydd **a** gyda lorïau wedi'u parcio. Mae llawer o'r ffotograff wedi'i orchuddio gan ardaloedd preswyl gydag ardal o dai teras o'r bedwaredd ganrif ar bymtheg **a** ar gyfer gweithwyr y ffatrïoedd. Tai pâr sydd yng ngweddill y ffotograff **a**. Mae eglwys ar yr ochr orllewinol **b**.

ⓐ **Dyfarnwyd marc o 7/7**. **a** Mae'r ateb yn cynnwys digon o fanylion am gyfres o fathau o ddefnydd tir i ennill y 7 marc llawn. **b** Mae'n defnyddio pwyntiau'r cwmpawd yn hytrach na'r top a'r gwaelod **c** er ei fod yn cyfeirio at 'uwchben'.

Myfyriwr B

(a) Mae'n ymddangos bod y rhan fwyaf o'r tir yn y ffotograff hwn yn cael ei ddefnyddio ar gyfer tai gan fod tai yng nghanol y ffotograff ac yn y gogledd-orllewin **a**. Mae cymysgedd o dai mewn rhyw fath o stad **a**. I'r gogledd-ddwyrain a'r dwyrain pellaf mae parc gwyrdd **a** yn ymestyn i lawr ymyl y ffotograff. Yn y de-ddwyrain mae ffatri fawr **a** a ffordd tra ei bod yn ymddangos bod rhyw fath o gwmni yn y de-orllewin **a b**.

ⓐ **Dyfarnwyd marc o 3/7**. Lefel y disgrifiad yw man gwan yr ateb hwn. **a** Mae sawl defnydd yn cael ei nodi ond **b** mae'r iaith sy'n cael ei defnyddio yn mynd yn llai ac yn llai daearyddol. Bydd yr ateb hwn yn ennill 3 marc oherwydd bod nifer o wahanol fathau o ddefnydd tir.

Myfyriwr A

(b) I gynllunio arolwg holiadur mae'n rhaid amlinellu cwestiynau syml ac uniongyrchol a chaeedig a'u treialu cyn cynnal yr arolwg. Dylai'r arolwg gyfeirio at bob un o'r agweddau amgylcheddol fel sbwriel, ansawdd adeiladau, llygredd neu ansawdd aer **a**. Efallai y byddai'n bosibl gofyn i'r bobl sy'n cymryd rhan yn yr arolwg nodi pob un o'r agweddau o newid ar

raddfa linol **b**. Ond bydd yr un mor bwysig ystyried y dechneg samplu wrth lunio'r arolwg. Gallai hapsampl **b** fod yn fwy addas er enghraifft yn hytrach na dull haenedig neu systematig oherwydd byddai'n osgoi unrhyw ganlyniadau tueddol **c** ac yn gwneud yr holiadur yn haws ac yn fwy cyfleus i'w gynnal. Mae'n rhaid penderfynu faint o bobl sy'n mynd i gymryd rhan yn yr arolwg hefyd. Rwy'n credu y bydd 50 o bobl yn darparu digon o ganlyniadau i'w dadansoddi **b** heb gymryd gormod o amser i'w gynnal.

ⓓ **Dyfarnwyd marc o 5/8**. **a** Mae'r ateb hwn yn cyfeirio at yr agweddau amgylcheddol. **b** Mae'n ceisio cyfiawnhau'r dull samplu, y pwnc a maint y sampl. **c** Mae hefyd yn gwneud sylw am duedd. Nid oes angen nodi'r cwestiwn ond mae'n bosibl y byddai enghreifftiau o gwestiynau da a gwael wedi gwella'r ateb. Byddai'r awgrymiadau a'r cyfiawnhad a wnaed mewn 10 munud o amser ysgrifennu yn haeddu 5 marc.

Myfyriwr B

(b) Byddai'n bosibl cynllunio holiadur i ymchwilio i newid economaidd yn y ddinas fewnol trwy benderfynu yn gyntaf pa fath o gwestiynau y byddech chi'n eu gofyn ac i bwy **a**. Byddai'n rhaid i chi gynllunio er mwyn cael cynulleidfa darged a byddai'n rhaid i chi ddewis cwestiynau perthnasol i'w gofyn **b**. Hefyd byddai angen defnyddio ardal estynedig yn hytrach na chywasgedig neu bydd y canlyniadau'n annilys **b**. Byddai'n rhaid i chi ofyn cwestiynau economaidd i dai bwyta o bosibl a gofyn pwy maen nhw'n eu cyflogi a faint a manylion eraill fel hyn **c**. Hefyd faint o arian mae'r gweithwyr cyflogedig yn ei ennill **b**. Efallai byddwch am ddarganfod faint o arian maen nhw'n ei ennill ac os yw cyflog yn effeithio ar safonau byw hefyd **b**.

ⓓ Dyfarnwyd marc o 3/8. Mae'r ateb hwn yn cyfeirio at agweddau economaidd. **a** Mae'n enghraifft o ateb di-gyfeiriad heb fawr o wybodaeth **b** ond sy'n cynnwys rhai syniadau niwlog am gynllunio. **c** Mae'n nodi, ond mewn arddull wael, bod angen penderfynu sawl cwestiwn sydd eu hangen, i bwy ac ym mhle y dylid eu gofyn. Mae'r ateb hwn yn wan iawn. O ganlyniad, byddai'n ennill 3 marc.

Myfyriwr A

(c) Ymchwiliais i effaith llif cerddwyr ar ansawdd amgylcheddol Canol Busnes y Dref yn XXXXX **a**. Penderfynais gynnal holiadur, arolwg amgylcheddol, a chyfrifiad traffig a cherddwyr yng ngwahanol ardaloedd o'r CBD **c**. Prif gyfyngiad yr ymchwiliad oedd yr amseru. O ystyried bod y cyfrifiad wedi'i gynnal ym mhob ardal am ddau funud yn unig, nid oedd y canlyniadau'n fanwl gywir o angenrheidrwydd. Yn ogystal, wrth i mi a'm cynorthwywyr **b** symud i ardaloedd gwahanol, byddem yn cyfrif cerddwyr a thraffig ar wahanol adegau o'r dydd **c**. Roedd oedi cyffredinol o tua 2 awr rhwng y cofnodion cyntaf ac olaf, byddai hyn wedi effeithio ar y llifoedd. Mae sawl barn bosibl ar yr holiadur, efallai ei fod yn hawdd i'w gynnal ond nid oedd y data yn gwbl ddibynadwy **ch**. Yn yr un modd, roedd cyfrif traffig a cherddwyr yn ddull hawdd ond mae'n bosibl y byddai gwallau dynol wedi dylanwadu ar y cofnodion **ch**. Roedd mesur a chofnodi samplau mewn dull haenedig yn ddefnyddiol iawn **d**. Ar y llaw arall roeddwn i'n gallu dod o hyd i ardaloedd ar gyfer cerddwyr ac ardaloedd llai addas i gerddwyr a dangos yr effaith ar yr ansawdd amgylcheddol yn glir **d**.

ⓓ Dyfarnwyd marc o 7/10. **a** Mae'r ateb hwn yn dweud wrth y darllenydd beth yw pwnc yr ymchwiliad. **b** Mae'r myfyriwr yn nodi, wrth basio, iddo ddefnyddio ei gyd-fyfyrwyr yn yr ymchwiliad. Mae gwaith grŵp yn gwbl dderbyniol. **c** Mae amrywiaeth o ddulliau casglu data yn cael eu disgrifio ac mae rhywfaint o werthuso o broblemau casglu data **ch**. Nid yw'r ateb yn mynd ymlaen i werthuso'r holl ymarfer er bod y frawddeg olaf yn awgrymu ei fod yn rhannol lwyddiannus **d**. Mae'r ateb hwn ar y ffin rhwng gradd A/B a byddai'n ennill 7 marc.

Byddai'r myfyriwr hwn yn ennill **gradd A 19/25** oherwydd y byddai'r perfformiad ardderchog yn (a) a'r perfformiad da iawn yn (c) yn gwneud iawn am y perfformiad ychydig yn llai cryf yn (b).

Myfyriwr B

(c) Cwestiwn fy ymchwiliad oedd 'Pa ffactorau sy'n effeithio ar ansawdd amgylcheddol yn XXXXX?' **a**. Defnyddiwyd mwy nag un dull gan y byddai hynny o bosibl yn ein helpu i ymchwilio i'n cwestiwn ar ansawdd amgylcheddol. Aethom ati i gyfrif cerddwyr, cyfrif ceir, rhannu holiaduron a gwneud dadansoddiad deubegwn. Cryfder defnyddio holiadur yw'r ffaith ei fod yn creu data ansoddol da y gallwch ei gymharu â data eraill **b**. Rydych hefyd yn cael llawer o safbwyntiau i'w cymharu **b**. Gwendid posibl yw'r ffaith y gall pobl orliwio a rhoi atebion sy'n gymdeithasol ddymunol ac yn effeithio ar ddilysrwydd **b**. Un o gryfderau cyfrif cerddwyr yw'r ffaith y gallwch weld pa mor boblog yw ardal benodol a sut oedd hynny'n cyd-fynd â safbwyntiau pobl yn yr holiaduron. Un gwendid yw na all cyfrif cerddwyr roi gwybodaeth i chi am ansawdd amgylcheddol os nad oes gennych rywbeth sy'n gydberthynas, e.e. cyfrifiad o gerddwyr a chyfrifiad o sbwriel. Un o'n dulliau eraill oedd dadansoddiad deubegwn o ardal – i wneud hyn roedd rhaid i ni werthuso ardal yn nhermau hagrwch/harddwch neu lygredd neu orlenwi, ar raddfa 5 pwynt fel arfer **c**. Un cryfder yw'r ffaith eich bod yn dysgu am ardal a'i phriodweddau, ond gwendid posibl yw'r ffaith mai dim ond barn y person sy'n llenwi'r holiadur rydych chi'n ei gael **b**. Rydych chi'n gwella ar hyn trwy gael mwy o safbwyntiau gan bobl eraill. Ein dull samplu ar gyfer yr holiadur oedd mynd i mewn i ardal a dewis pwy bynnag oedd agosaf atom – samplu cyfleus. Roedd hyn yn gadarnhaol oherwydd ei bod yn hawdd i'w wneud ond un o'r gwendidau oedd tuedd bosibl gan y person yn gofyn y cwestiynau. Gwella hyn trwy samplu systematig **ch**.

ⓓ Dyfarnwyd marc o 9/10. **a** Nodir y teitl. **b** Mae'r ateb hwn yn sgorio mwy nag ateb y myfyriwr arall oherwydd ei fod yn gwerthuso trwy ystyried nodweddion da a drwg y dull a ddefnyddiwyd ar yr un arolwg â'r myfyriwr cyntaf. **c** Mae hefyd yn archwilio dull ychwanegol, sef dadansoddiad deubegwn. **ch** Mae'r frawddeg olaf yn awgrymu bod y myfyriwr wedi rhedeg allan o amser. Cofiwch ddefnyddio'r canllaw amser ar dudalennau 68-69 a pheidiwch â brysio'r ateb olaf hwn sy'n werth 10 marc. Byddai'r ateb hwn yn derbyn 9 marc – gradd A dda iawn.

Mae'r ymateb cryf i ran (c) wedi codi gradd derfynol y myfyriwr ar gyfer y cwestiwn i **15/25, gradd C dda**. Mae'n bwysig cofio bod ateb cryf i ran o gwestiwn yn gallu eich helpu i gael marc da. Peidiwch â digalonni os yw rhannau cyntaf y cwestiwn yn anodd.

Atebion gwirio gwybodaeth

1 Mae'r sialens yn deillio o gynnydd cyflym mewn niferoedd, y cynnydd anghyson mewn niferoedd ledled y byd, yr adnoddau sydd eu hangen i gynnal y boblogaeth a'r ffaith fod mudo yn cyfrannu at newid hefyd.

2 2011.

3 Cyfradd geni syml yw'r nifer o enedigaethau'r flwyddyn o gymharu â'r boblogaeth gyfan. Cyfradd marw syml yw'r nifer o farwolaethau'r flwyddyn o gymharu â'r boblogaeth gyfan. Mynegir y ddwy gymhareb fesul 1000 o bobl.

4 Mae'r byd yn cael ei dominyddu gan boblogaeth Asia ac yn arbennig India a China. Mae poblogaeth America Ladin ac Affrica yn fawr o gymharu â'r niferoedd llai yn Ewrop, Rwsia Ewropeaidd, Gogledd America ac Awstralasia.

5 Mae gan Tsieineaid boblogaeth ganol oed yn bennaf gyda niferoedd y bobl ifanc yn gostwng. Mae nifer y bobl dros 50 oed yn cynyddu'n gyflym gyda'r cyfrannau uchaf yn 40-44 oed. Mae mwy o Malayaid yn y grwpiau oedran iau a mwy o ddynion gormodol yn y grwpiau oedran iau. Tsieineaid sydd â'r canran uchaf o bobl dros 50 oed a mwy o grwpiau oedran gyda merched gormodol. Malayaid sydd â'r canran uchaf o oedolion rhwng 35 a 39 oed.

6 Mae marwolaethau babanod yn arwydd o'r ddarpariaeth iechyd. Mae'r cyfraddau uchaf i'w gweld mewn gwledydd lle mae rheoli clefydau yn wael ac atal cenhedlu bron yn absennol. Mae cyfraddau is yn adlewyrchu darpariaeth iechyd mamol a lefelau rhyddid ac addysg merched. (Gallech geisio egluro'r data ym mhob un o golofnau 3-7.)

7 Mae niferoedd pob grŵp oedran o dan 40 oed yn gostwng nes bod cyfanswm y rhai 0-4 oed yn hanner cyfanswm y rhai 40-44 oed. Mae nifer mawr o hen ferched dros 80. Mae mwy o ferched yn y grwpiau dros 70 oed – yn rhannol oherwydd effaith y marwolaethau yn yr Ail Ryfel Byd.

8 Niferoedd Affrica sy'n codi gyflymaf tra bod cyfran Ewrop yn lleihau ac yn gyfran lai o dwf y byd. Mae cyfran Asia yn gymharol sefydlog er bod y niferoedd yn dal i gynyddu. (Dylech hefyd allu cynnig esboniadau am y newidiadau.)

9 Dyma rai enghreifftiau y gallwch eu nodi yn y celloedd: syrfewyr maint i Dubai, pobl Cypriaid Groegaidd o ogledd Cyprus i'r de, pobl de Sudan o Sudan, morwynion Ffilipinaidd i Hong Kong, pobl Zimbabwe i'r DU.

10 Ysgrifennodd Ravenstein dros 100 mlynedd yn ôl. Mae rhai mudwyr yn parhau i gydymffurfio â'i ddeddfau, e.e. mae'n bosibl y bydd pobl yn symud yn lleol i ddod o hyd i dŷ mwy, ac mae yna fwy o oedolion. Mae'n bosibl bod y pwyntiau am bobl wledig a diwydianeiddio yn wir mewn gwledydd LlEDd ond nid ymhobman.

11 Gallech ddefnyddio eich profiad personol neu brofiad eich teulu yn y cyswllt hwn, fel penderfynu ble i fynd i'r brifysgol. Mae rhai ffactorau yn bwysig mewn rhai achosion ond nid pob un.

12 Mae cysylltiadau â'r Gymanwlad ac iaith yn thema gyffredin ar gyfer sawl gwlad. Gallai mudo ymhlith gwledydd yr Undeb Ewropeaidd egluro eraill. Mae'n bosibl bod ofnau gwleidyddol wedi cymell eraill i symud.

13 Er enghraifft, mae pobl o Dde Korea wedi setlo ym Merton a Sutton, Llundain Fwyaf. Yn aml mae pobl yn mudo i leoedd ble bydd ganddynt gefnogaeth i'w teulu, diwylliant, crefydd, ysgolion a siopau. Mae yna deimlad o berthyn. Mae enghreifftiau eraill yn cynnwys Ffrancwyr yn Kensington a Chelsea, Twrciaid yn Enfield a phobl Bangladesh yn Tower Hamlets.

14 Grwpiau gwahanol o bobl yn byw gyda'i gilydd mewn ardaloedd penodol.

15 Er enghraifft, mae ffatri prosesu bwydydd salad Natures Way ger Chichester yn cyflogi pobl o Ddwyrain Ewrop yn bennaf ar lawr y ffatri. Mae'n cyflenwi salad a ffrwythau parod i uwchfarchnadoedd mawr.

16 Person sy'n methu neu sy'n anfodlon dychwelyd i'w famwlad oherwydd ofn cael ei erlid ar sail hil, crefydd, ethnigrwydd, aelodaeth o grŵp cymdeithasol penodol, neu farn wleidyddol yw ffoadur.
Mae ceisiwr lloches yn ffoadur sy'n gwneud cais ffurfiol i fyw mewn gwlad ar ôl cyrraedd y wlad honno.

17 Person heb ddinasyddiaeth yw rhywun nad yw'n cael ei ystyried yn wladolyn gan unrhyw wladwriaeth yn ôl cyfansoddiad neu ddeddfwriaeth genedligrwydd.

18 Adwerthu, gweinyddiaeth, iechyd ac addysg – i gyd yn y sector gwasanaethau.

19 Mae llai o anghydraddoldeb yn y gwledydd mwyaf datblygedig a mwy o anghydraddoldeb mewn gwledydd canolig ac isel eu datblygiad. Mae Saudi Arabia ac India yn eithriadau i'r rheol. Mae cyfraddau llythrennedd ymysg merched yn is mewn gwledydd lle mae datblygiad dynol yn isel, a bydd hynny'n amharu ar eu gallu i gael gwaith a helpu llythrennedd plant. Mae cyfradd uchel o farwolaethau ymysg mamau yn awgrymu bod rhai gwledydd yn parhau i ystyried merched fel mamau yn unig. Bydd hyn yn cyfyngu ar eu gallu i ymuno â'r farchnad lafur.

20 Mae Canal Street ym Manceinion yn gysylltiedig â'r gymuned hoyw, fel ardal adloniant yn hytrach na fel lle i fyw.

21 Mae rhai swyddi yn y sector gwasanaethau wedi cael eu hystyried yn swyddi i ferched yn draddodiadol. Mae rhai'n fwy addas pan mae angen seibiant gyrfa ar gyfer

mamolaeth. Mae pobl eraill yn awgrymu mai gogwydd o ran rhyw a nenfydau gwydr sy'n gyfrifol am y ffaith fod merched yn gwneud y swyddi hyn.

22 Mudo cyn, neu adeg, ymddeol. Mae'n gallu cael ei sbarduno gan ymddeoliad cynnar, colli gwaith neu ymddeoliad arferol.

23 Swyddi sgiliau isel yn cydosod nwyddau sydd wedi'u datblygu rhywle arall.

24 108 bachgen i bob 100 merch (mae'r ffigur byd-eang rhwng 102 a 106 – gweler tudalen 28).

25 Mae llawer o glefydau yn lladd cymaint o bobl nes eu bod yn lleihau'r boblogaeth. Ystyr rheoli marwolaeth yw rheoli clefyd yn well fel bod llai o bobl yn marw ohono ac mae'r boblogaeth yn cynyddu o ganlyniad.

26 Pentref – anheddiad mewn ardal wledig a oedd yn anheddiad amaethyddol ar un adeg. Mae rhai gwasanaethau ar gael mewn pentref fel arfer, gan gynnwys eglwys, tafarn a siop o bosibl.
Mega-ddinas – canolfan allweddol o'r economi fyd-eang sydd â swyddogaethau sy'n effeithio ar y byd cyfan. Maen nhw weithiau'n cael eu galw'n ganolbwynt byd-eang (*global hub*).

27 Trefoli yw'r broses lle mae cyfran y boblogaeth sy'n byw mewn ardal drefol yn cynyddu. Roedd yn gysylltiedig â'r chwyldro diwydiannol yn y gorffennol ond mae hyn yn ffenomen y byd sy'n datblygu erbyn hyn. Trefolaeth yw'r broses o ddod yn drefol wrth i bobl fabwysiadu ffordd drefol o fyw, newid eu swyddi a'r rhan fwyaf o'u bywyd yn dibynnu ar y ddinas. Mae'n gallu bodoli mewn ardaloedd gwledig lle mae gan bobl ffordd drefol o fyw a'u bod yn drefol yn seicolegol.

28 Lleoli gweithgareddau naill ai mewn rhanbarth (e.e. Silicon Valley) neu ran o ddinas (e.e. yswiriant o gwmpas Lloyds yn Ninas Llundain neu siopau esgidiau ar Stryd Fawr).

29 Term sy'n cael ei ddefnyddio yn UDA i ddisgrifio gwynion yn gadael ardal wrth i grŵp hiliol arall symud i mewn.

30 Unigolion tebyg yn cydgrynhoi mewn ardal lle gallant fforddio rhentu eiddo, er enghraifft, lleoliadau agos at y brifysgol. Nid yw grwpiau eraill eisiau yr eiddo.

31 Nodau yw canolbwynt ardal drefol – cyfnewidfa gludiant yn aml – sy'n ganolbwynt gweithgarwch. Tirnodau yw nodweddion o'r treflun â phriodweddau unigryw a chofiadwy, fel Stadiwm y Mileniwm, Caerdydd neu Spinnaker Tower, Portsmouth.

32 Stadau preifat pobl gyfoethog sydd wedi creu eu gofod amddiffynnol eu hunain fel Ruxley Heights, Claygate a New Caledonia Wharf, Dociau Llundain. Mae cymunedau adwyog yn gymdogaethau elitaidd, dethol. Maen nhw'n bodoli mewn aneddiadau cyn-drefedigaethol.

33 Amddifadedd sydd â sawl dimensiwn gwahanol – cymdeithasol (lefelau trosedd uchel), amgylcheddol (tai o ansawdd gwael) ac economaidd (incwm cartref isel/dibyniaeth ar fudd-daliadau). Mae'n bresennol mewn ardaloedd bach mewn dinasoedd (tyrau o fflatiau yn y DU), strydoedd unigol yn y ddinas fewnol neu mewn ardaloedd gyda thai cymdeithasol ar yr ymylon. Mae amddifadedd hefyd yn bresennol yn rhai o'r ardaloedd gwledig.

34 Adeiladu ar safleoedd mewn ardal adeiledig sydd wedi'u defnyddio o'r blaen, fel hen iardiau rheilffordd, barics, safleoedd diwydiannol.

35 Rhaglenni hyrwyddo sy'n ceisio newid agwedd pobl o'r tu allan er mwyn denu buddsoddiad o'r tu allan. Mae weithiau'n cael ei alw'n ail-frandio.

36 Mesur cynllunio o'r 1980au a atgyfodwyd yn 2011 er mwyn atal dirywiad ardal trwy ddarparu cymhellion i fuddsoddi mewn swyddi a gweithgareddau economaidd newydd.

37 Cyflwynwyd rhaglenni'r Ardaloedd Datblygu Cynhwysfawr i ddymchwel slymiau ac ailgartrefu pobl mewn fflatiau uchel (tyrau o fflatiau). Nod y Trefi Ehangedig oedd rhoi cartref i'r gorlif o'r ardaloedd trefol.

38 Mae lled-adwerthu yn derm sy'n cael ei ddefnyddio i ddisgrifio gweithgareddau busnes mewn canolfannau siopa fel swyddfeydd cymdeithasau adeiladu a broceriaid yswiriant.

39 Gwerthuso yw trafod manteision esboniadau gwahanol a dod i gasgliad ynglŷn â pha un yw'r pwysicaf.

40 Mae llain las yn cael ei gwarchod gan y gyfraith yn y DU ac mae'n amgylchynu'r ardal adeiledig. Mae lletem yn cadw ardaloedd o dir adeiledig sy'n dechrau uno ar wahân, tra bod coridor yn debyg ond o bosibl nid yw'n gwahanu'r ardaloedd trefol yn llwyr, dim ond rhannau.

41 Mae meysydd o'r fath yn cadw rhywfaint o gymeriad gwledig ardal er eu bod yn cynnwys tŷ clwb neu gyfleusterau newid o bosibl.

42 Gwledigrwydd yw'r graddau y mae ardal yn cadw cymeriad gwledig ei hamgylchedd a'i heconomi.

43 'A transition town possesses a network of community-led responses to climate change and shrinking supplies of cheap energy, building resilience and happiness.' (Rhwydwaith Trawsnewid)

44 Amddifadedd cyfleoedd yw diffyg mynediad i addysg, iechyd, gwaith, gwasanaethau cymdeithasol a siopau. Mae pobl sy'n byw mewn ardaloedd gwledig yn wynebu'r gost a'r anhawster o deithio ymhellach i gael gwasanaethau sylfaenol, fel bwyd, yn ogystal â thalu mwy amdanynt. Mae siopa ar-lein (e.e. Tesco ac Ocado) yn gallu lliniaru amddifadedd o'r fath ond mae'n rhaid i bobl gael mynediad i'r rhyngrwyd i'w ddefnyddio.